JN087864

An Illustrated Guide to Enjoying Dishes

Let's Enjoy Dishes

選び方・使い方のコツがわかる！

うつわの教科書

竹内万貴［監修］

ナツメ社

はじめに

料理をおいしいと感じるとき、私たちは五感を使って料理に向き合っています。そのひとつが“視覚”です。たとえば、炊きたてのつやつやのご飯が、手取りのよい茶碗によそわれて、湯気を立てているところを想像してください。もうそれだけで、「おいしそう」と思い、「幸せ」な気持ちが込み上げてきますよね。

料理だけでも、うつわだけでも、この気持ちにはなれません。大事なのは、ふたつがほどよく組み合わされ、おいしそうな風景を描いていること。うつわを選んで、盛り付けに気を配ることは、毎日の食事をよりよい時間にする、とても大切なことなのです。

では、どうすれば気分に寄り添ううつわを探せるのでしょう。

私が大切にしているのは、日常的に意識してうつわを見ることです。たとえば、お店で食事をしたとき、訪問先でお茶を出されたとき、友人の家に遊びに行ったとき。または、テレビから流れる映像の中にも、映画やドラマのワンシーンにも、うつわを見つけることができるでしょう。私たちは毎日の生活の中で、実はたくさんのうつわと出合っているのです。そんなとき、ちょっとうつわに気持ちをそそいでみてください。自分の心にとまるうつわがきっと現れます。心が動いたら、それは気の合ううつわ。これがうつわ探しの第一歩になります。

もうひとつは、料理とうつわの関係性を考えること。私は子どものころから、「この料理だったら、どのうつわが似合うのだろう」と考えを巡らす時間が好きでした。美濃焼の産地の近くで生まれ育ったこともあり、うつわはとても身近なものでした。氷水を張ったひ

やむぎは染付の大鉢に、秋刀魚の塩焼きは織部の長角皿になどと、我が家にはお決まりのうつわがいくつかありました。

餃子用の皿として陶器を選んだときには「油ものには磁器のほうがいいよ」と母から教わったこと、ハンバーグを志野の皿に盛り付けたときにはちょっと不釣り合いで、食べ終わっても悔しかったことを覚えています。

食べ物に旬があるように、うつわにも季節があり、一年中食べられる定番の料理も、うつわとの相性が大切であることを、幼い頃から少しずつ体感で覚えてきました。

自分のお金でうつわが買えるようになり、気になったものは迷わず手に入れる日々を過ごし、やがて自分にしっくりとくるうつわを選び取る力がついたように思います。スタイリストという仕事についてからは、よりたくさんのうつわと向き合う機会が増えました。揺るぎなく好きなものはあるけれど、新しい出合いを歓迎し、自分の中にわき起こった新しい気持ちを尊重する。私とうつわの関係は、こんな風でありたいです。

みなさんもぜひたくさんのうつわと出合い、うつわのある毎日を、自由な心で楽しんでください。

竹内万貴

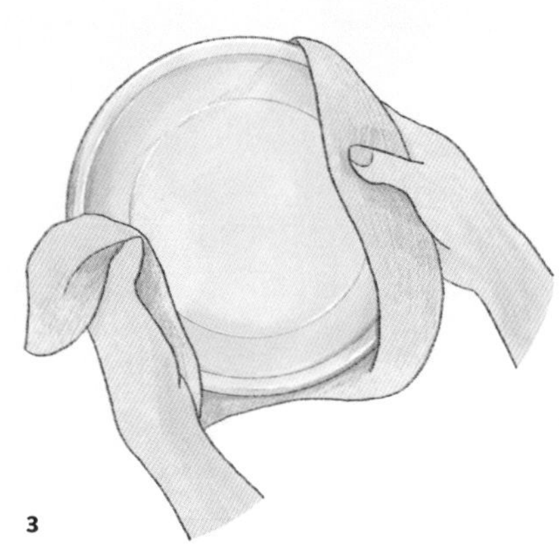

もくじ

1 毎日うつわを楽しむための知識

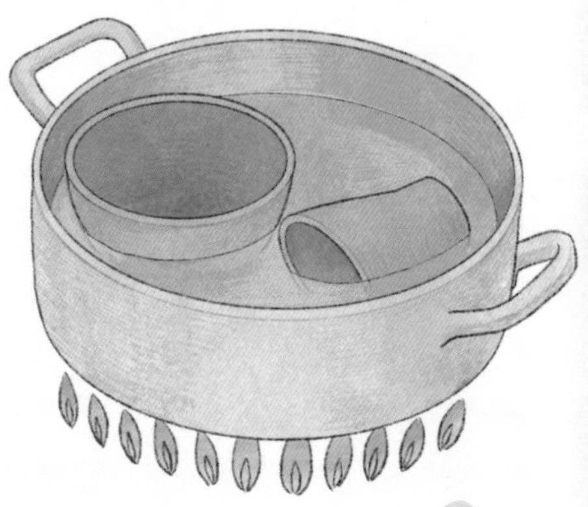

2 うつわ使いのアイデア

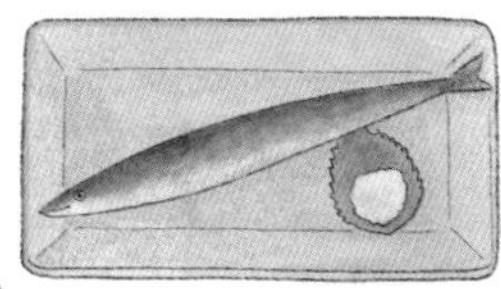
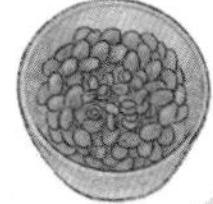

3

技法もさまざまな うつわのつくり方

4

日本文化とうつわ

Column

そもそも「うつわ」って何？

普段、何気なく使っている「うつわ」という言葉ですが、
さまざまな種類のものがあります。まずはうつわの素朴な疑問にお答えします。

どんな形のものがうつわになる？

これら全部がうつわ！

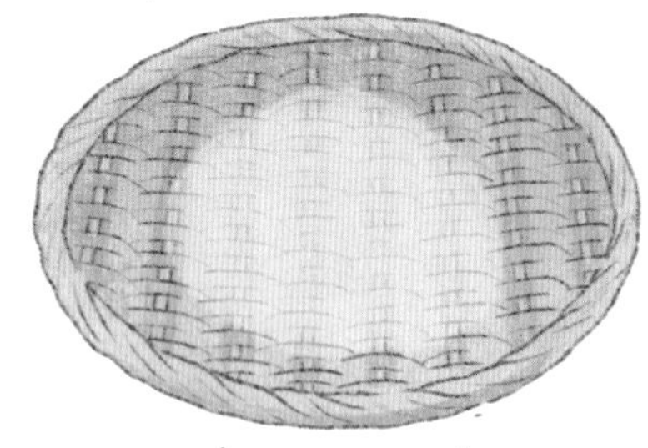

料理を盛れば何でもうつわ！

「うつわ」という概念は、実は日本特有のもの。英語の場合、テーブルウェアという言葉はありますが、大きく「食べ物を盛るもの」を表す単語はありません。

「うつわ」を辞書で引くと「物を入れ、おさめるもの」「道具」と出てきて、わりとざっくりと用途を示すものの総称だとわかります。なので、料理を盛れてしまえば何でも「うつわ」になります。自由度が高いからこそ、いろいろな形・素材のうつわがあるのです。

Q うつわって和と洋で違いがあるの？

A 料理に合ったうつわが発展

うつわは用途によって名称が異なり、使い分けられています。例えば汁もののうつわなら、和食器は椀、洋食器はスープ皿などです。また、洋食を盛る洋食器、和食を盛る和食器という分け方もあります。諸説ありますが、食文化の違いによって、素材や形、大きさに違いが生まれたともいわれています。

和食器にしても洋食器にしても、食器には大まかな役割が決まっていますが、家庭で食事をするときは、あえて崩してみるのも楽しみのひとつです。そば猪口をそばを食べるとき以外に使ったり、スープ皿にデザートを持ったりしても良いのです。

Q 100円のうつわより5万円のうつわがいい？

A 自分がいいと思うものが一番いい！

うつわの値段は、使われている原材料の種類や完成までにかける手間・時間によって変わります。値段の違いでよさが変わるわけではないので、自分がいいと思うものを使うのが大切です。好きな理由がひとつでもあれば、気に入ったうつわといえるでしょう。いいと思う理由は人それぞれです。

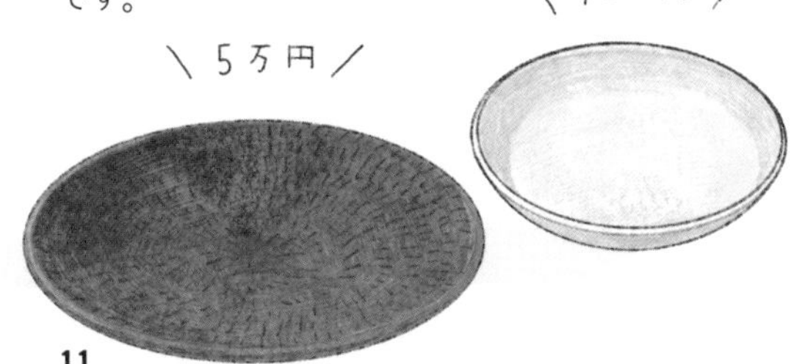

うつわは何でできている？

見た目にも大きく影響するうつわの素材。
素材によって、その製造工程も違います。
素材ごとの魅力や、製造の技術を知ればうつわ探しも楽しくなります。

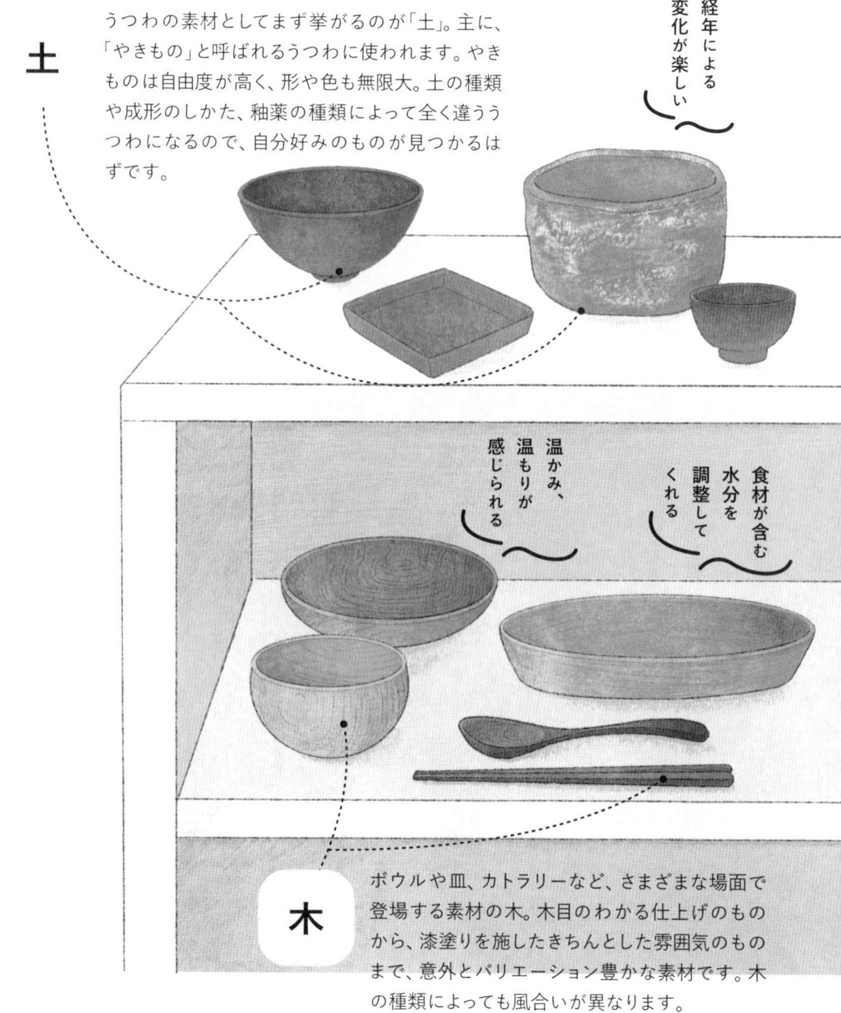

土

うつわの素材としてまず挙がるのが「土」。主に、「やきもの」と呼ばれるうつわに使われます。やきものは自由度が高く、形や色も無限大。土の種類や成形のしかた、釉薬の種類によって全く違ううつわになるので、自分好みのものが見つかるはずです。

木

ボウルや皿、カトラリーなど、さまざまな場面で登場する素材の木。木目のわかる仕上げのものから、漆塗りを施したきちんとした雰囲気のものまで、意外とバリエーション豊かな素材です。木の種類によっても風合いが異なります。

ガラス

ガラスといえば「吹きガラス」のイメージが強いですが、板ガラスをつぎはぎしたり、粉々にしたりして形をつくる「キルンワーク」の技術を使ったうつわもあります。厚みや色、形もさまざまで、ガラスのうつわにもたくさんの技法があります。やきもののうつわや金属のうつわとの相性もいいので、気軽に取り入れてほしい素材です。

金属・プラスチック

アウトドアでも使うワイルドなイメージが強いアルミやステンレス、ホーロー製のうつわ。実は繊細な曲線を描いた現代的なデザインのものも多々あります。デザインによっては、食卓に取り入れるだけで、海外の食卓のような雰囲気にすることもできます。また、プラスチックは色味がポップなうつわが多いので、ラフな気分で使うことができます。

好みのうつわを見つけるには？

うつわを買うのなら、自分好みで、なおかつ、
素敵な組み合わせができるものを選びたいもの。
ここでは選び方のポイントを紹介します。

ポイント 1 まずは基本でそろえてみる

本書では、「基本の5点セット」（P34）を紹介しています。
どんなものから買えばいいかわからないときは、この
5点セットからチャレンジしてみてください。

ポイント 2 形・大きさ・素材を選ぶ

うつわにはいろいろな形や大きさ、素材があります。どんな料理を普段食べるのか、どの季節に使うのか、食卓をどのように見せたいかなどの視点で選んでもいいでしょう。

ポイント3 色・柄・模様を選ぶ

組み合わせにより雰囲気を変えるのが、色や柄、模様です。ふんわりした雰囲気にしたいならカフェカラーが、日本酒を飲むなどしっとり和の雰囲気にしたいときには伝統的な模様が合います。最初のうちは統一感のある色や柄を選ぶといいでしょう。

ポイント4 テーマを決めて買ってみる

好みのうつわを探すに当たり、自分でテーマを決めて買ってみてもいいでしょう。自宅でビールをよく飲むなら「ビールの雰囲気を盛り上げてくれるうつわ」、買ってきた料理をワンランクアップさせたいなら「自宅でお寿司やデリを楽しむうつわ」、自分の好物を思い返してみて「好物をより楽しむ」ことをテーマにうつわを探すと楽しめるはず。

毎日
うつわを
楽しむための
知識

うつわは、形、素材、大きさなどによって
使い方や雰囲気ががらりと変わります。
自分の好みがどういうものかを知るためにも、
まずは、うつわの基本を知りましょう。
うつわやカトラリーの選び方、
最初にそろえたいうつわのセットも紹介します。

ざっくり知りたい

用途で変わるうつわの名称

うつわの名称は、その用途で「椀・碗」「鉢」「皿」「カップ」「茶器」「酒器」の6つに大きく分けられ、伝統的な懐石料理などでは、この用途をしっかりと守っています。日常使いではあまりとらわれすぎなくても大丈夫ですが、これらの用途に応じてうつわをひとつずつそろえれば、基本的な和食の組み合わせが完成します。

それぞれ、大きさや形はいろいろあるため、用途だけでなく、自分好みのものを探してみましょう。うつわを使う楽しみが増してきます。

椀・碗

ご飯や汁物を盛るためのうつわ。
基本は片手で持てるサイズです。石へんの「碗」は陶磁器のもの、木へんの「椀」は木製のものに対して使います。

「茶わん」は本来、茶の湯で用いる碗を意味していました

飯碗

ご飯を盛るうつわは、陶磁器製がほとんどなので、飯碗と表記するのが一般的。所有者が決まっている「属人器」といわれ、好みの柄、持ちやすい大きさを選んで使うと愛着もひとしお。

汁椀

みそ汁などを盛るうつわは熱を伝えにくい素材である木製が多く、汁椀と表記するのが一般的。木器は浸水性が高いため、漆塗りなどによって保護しているものも使いやすいです。

皿

浅く平べったいうつわ。主菜から副菜までさまざまな用途に使われます。和皿の場合は大きさを“寸”(P32)で表現します。形状は丸皿のほか、オーバル皿、角皿などがあり、用途によって使い分けられます。

食器は英語で「dish」。「dish」のひとつに「plate」があり「浅い平皿」という意味です

丸皿

一番オーソドックスな皿。カレー、パスタ、チャーハン、メイン料理、パン、デザートなど、盛るものを選ばないので、最初に手に入れる皿としてもおすすめ。

「オーバル」は、ラテン語で卵を意味する「ovālis」が由来とされています

オーバル皿

楕円形をした皿をオーバル皿といいます。使いにくそうと思いがちですが、横幅が広くて使いやすく、料理のジャンルを選ばずきれいに盛り付けられる、一枚は持っておきたい万能皿。

角皿(かくざら)

正方形や長方形などの四角い皿を角皿といいます。丸皿が多く並ぶ食卓に、角皿をひとつ入れるとアクセントになり、ぐっと引き締まります。

鉢

皿よりも深さのあるうつわを鉢といいます。大きさによって小鉢(こばち)、中鉢(ちゅうばち)、大鉢(おおはち)があるほか、茶懐石の呼び方から、中鉢や小鉢を「向付(むこうづけ)」と呼ぶことも。丸や四角など形状はさまざまで、意匠を凝らしたデザインのものも多く、食卓を彩る存在。

小鉢(四寸*以下)は酢の物や副菜などを入れるのに便利。中鉢(五～六寸)は汁物の料理に、大鉢(七～八寸)はメイン料理をドンと盛るのにおすすめ。

＊寸についてはP32参照。

口縁部(こうえんぶ)に規則的に切り込みを入れた、花びらのような丸みを帯びた形の鉢のこと。切り込みが多いか少ないかによって、連想される花が異なります。

ごまやスパイスなどをするための調理道具で、内側に細かな櫛目が施されていることが多いです。中鉢サイズなら、そのまま食卓に出すこともできます。

どら鉢

縁がまっすぐに立った浅い鉢をどら鉢といいます。料理を盛っても絵になりますし、菓子器のようにも使えます。

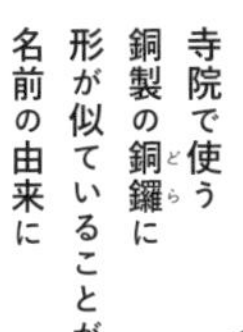

木瓜鉢（もっこばち）

楕円形の四隅に切り込みを入れて木瓜の形に成形した鉢のこと。木瓜とは日本の家紋としても使われてきた伝統的な意匠のこと。モダンな雰囲気もあり、使いやすい鉢です。

カップ

カップといっても飲み物以外を入れることができ、用途はいろいろ。比較的安価に入手できるので、大きさや厚み、色、素材の違うものが数種類あっても活用できます。

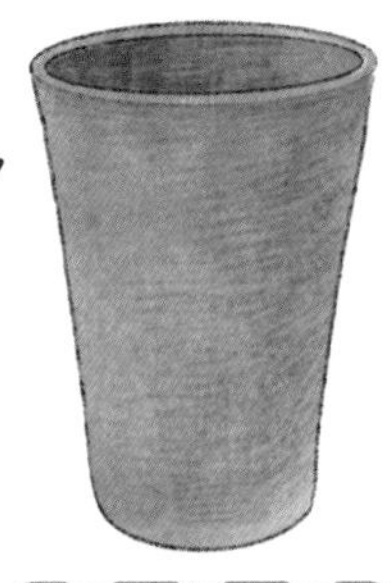

マグカップ

持ち手がある筒形の、やや大ぶりのカップ。熱い飲み物を運ぶために、持ち手が付けられたのがはじまりといわれています。大きさに決まりはなく、たっぷりカフェオレをそそいだり、スープを入れたりと自由に使えます。

フリーカップ

持ち手のない、やや小ぶりのカップ。高さや大きさ、口の広さもいろいろあるので、日本茶やコーヒーを飲むのはもちろん、デザート入れにも重宝。素材は陶磁器製やガラス製などがあります。

そば猪口

そばを食べるときにつゆを入れるためのうつわですが、汎用性の高い大きさと形なので、副菜を入れたり、デザートを入れたりと、フリーカップのように使いまわせます。模様や形、大きさ別でいくつかコレクションするのもおすすめ。

茶器

日本茶や中国茶など、広くお茶を飲むための道具の総称。茶葉を入れてお茶を淹れる道具は急須と呼ばれ、陶磁器製、ガラス製、鉄製など、用途で使い分けられます。お茶を飲むうつわには、湯呑とくみだし茶碗があります。

急須

茶葉を浸して湯呑にそそぐのが急須。持ち手がどこにあるかによって呼び方が異なります。

後ろ手型

そそぎ口の後ろ側に持ち手がある。

宝瓶

持ち手がない。

上手型

持ち手が上部にある。

横手型

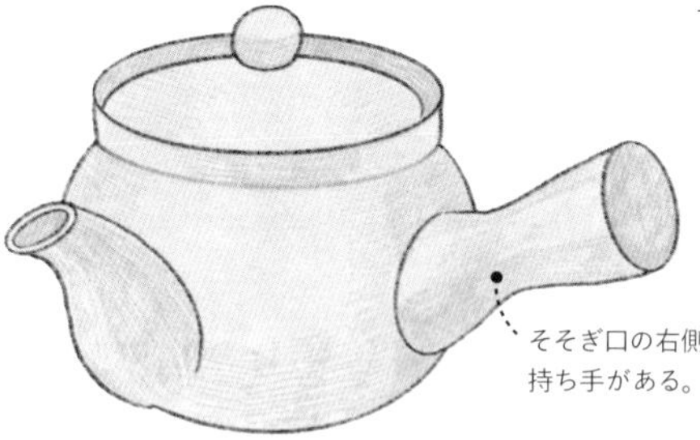

そそぎ口の右側に持ち手がある。

湯呑

主に日本茶を飲むために使われる筒形の容器。厚手につくられているものが多く、熱が伝わりにくく、扱いやすいので、日常使いに向いています。

くみだし茶碗

薄手で口の広い茶碗。色や香りを楽しむことができ、比較的低い温度で淹れる煎茶や玉露などを飲む際に用います。繊細で口当たりのいい磁器製が一般的。

酒器

お酒のためのうつわも多彩です。
陶磁器、ガラスなど素材もいろいろあるので、
お酒の席を盛り上げる素敵なうつわをチョイスしましょう。

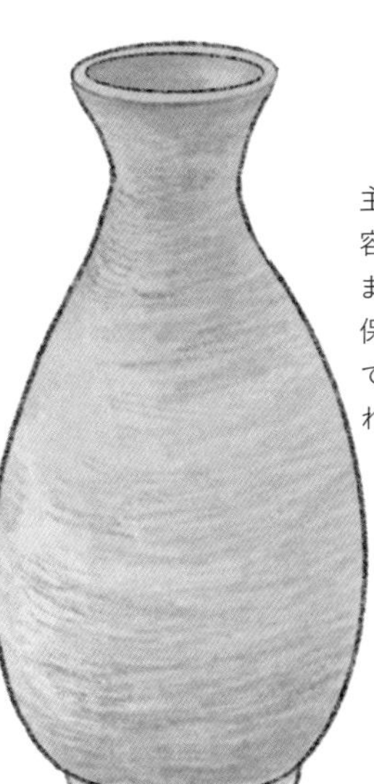

徳利

主に日本酒をそそぐための容器。首の部分が細くすぼまり、下部が膨らんだ形は保温性が高く、燗酒用として広まりました。冷酒を入れることも可能です。

片口

口縁の一部にそそぎ口がある鉢で、常温酒や冷酒をそそぐのに使われます。醤油やドレッシングなど、お酒以外の液状のものをそそぐ容器として使ってもおしゃれ。

ぐい呑み

日本酒を飲むときに使われるぐい呑み。「片手でつかんでぐいっと呑む」が語源といわれます。「お猪口」と呼ばれることもあるうつわです。呼び方の使い分けは定かではありませんが、2口程度の小ぶりのものを「お猪口」、少し大きいものを「ぐい呑み」と使い分けるケースも。形も素材もバラエティに富んだものが多く、大きいものは小鉢としても使えます。

お酒を
そそぐときの
「とくとく」という音は
風情がありますよね。
徳利の中は見えませんから、
どのくらいお酒が
残っているだろう、と
重みで想像しながら飲む
楽しみもあります。

知ればうつわ探しがラクになる!

うつわの細部の名称

うつわの細かな部位にも、それぞれ名称があります。お店でうつわを探すとき、「口縁が広めで高台は少し低めの飯碗がほしい」などと言えたら、お店の方とのコミュニケーションがスムーズになり、お目当てのうつわを見つけやすくなるかも。それぞれの部位の名称は、聞きなれない言葉のように感じるかもしれませんが、難しく考える必要はありません。実は「胴」「腰」「手」など、ほとんどが人間のからだの名称を使っているので、案外覚えやすいはずです。

椀・碗

見込み

茶碗や鉢などの内側のこと。茶碗を覗きこんだ時の内側全体を指し、釉薬の色味や絵付けなどを楽しむほか、底の部分に釉薬が流れ溶けた姿を「釉溜り」と呼び、茶道などでは鑑賞のポイントとなっています。食べ終わったあとにきれいな装飾が現れたら、ちょっと嬉しくなるはず。

口縁

うつわの縁の部分をいいます。唇にダイレクトに触れる部分なので、口当たりも大切。厚みを持った口縁は比較的口当たりが柔らかいでしょう。口縁が薄いと、欠けやすいという特徴もあるので注意が必要です。

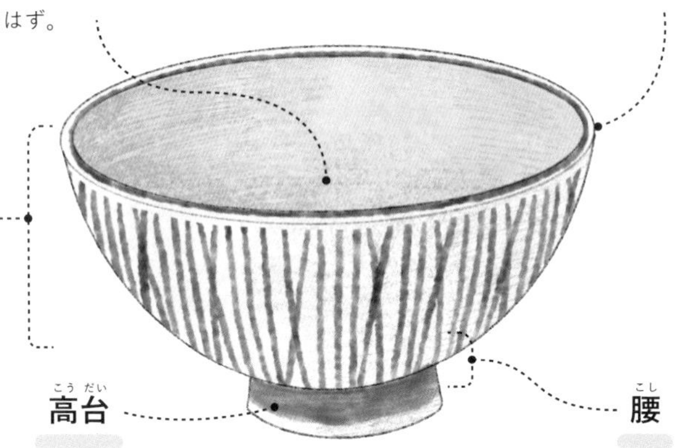

胴

口縁の下から腰までの部分が胴です。おおよそ上から4分の3あたりまでのことをいいます。

高台

うつわの底に付けられた円環状の台座部分が高台です。うつわを安定させる役割と、熱いものを入れたときにうつわを持ちやすくする役割があります。皿や鉢、徳利、湯呑にも付いています。

腰

胴から高台脇までの部分が腰と呼ばれます。だいたい下から4分の1あたりまでのことをいいます。

皿

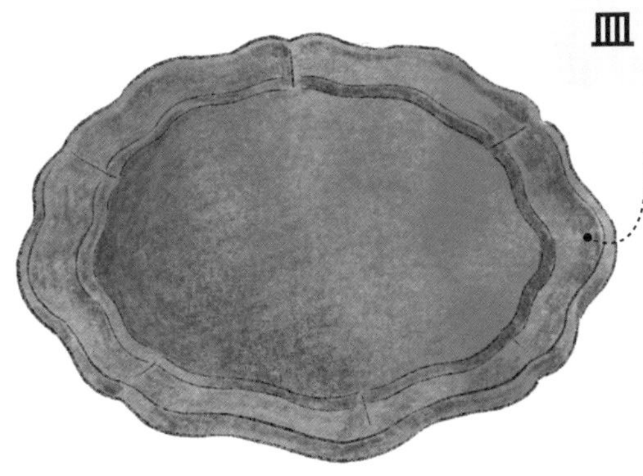

リム

リムとは、洋皿でよく見られる縁のこと。縁が一段上がったものをリム皿といって、デザインのアクセントにもなっています。リムがないお皿に比べて、料理を盛り付けたときに余白が生まれ、和食器にも広く使われています。

茶器・酒器

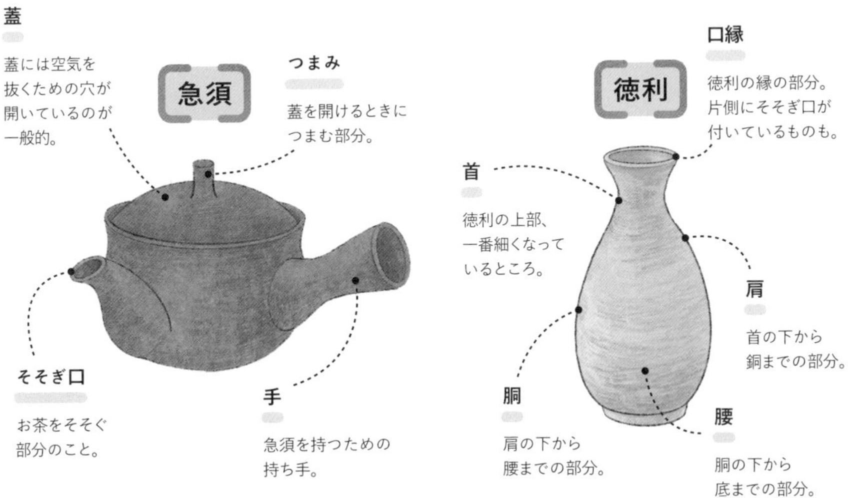

急須

蓋
蓋には空気を抜くための穴が開いているのが一般的。

つまみ
蓋を開けるときにつまむ部分。

そそぎ口
お茶をそそぐ部分のこと。

手
急須を持つための持ち手。

徳利

口縁
徳利の縁の部分。片側にそそぎ口が付いているものも。

首
徳利の上部、一番細くなっているところ。

肩
首の下から銅までの部分。

胴
肩の下から腰までの部分。

腰
胴の下から底までの部分。

memo

急須のへそ？

急須のへそとは、そそぎ口の内側についている茶こしのこと。土に多数の穴を開けて接着します。丸い穴を開ける「ポンス」と呼ばれる道具を用いて、土が乾く前に終わらせなくてはならないため、手間と技術を要する作業です。へその形もそれぞれに違いがあり、お茶の味わいに影響も。急須を買うときはチェックしてみましょう。

バリエーション豊か

うつわの色や装飾

うつわの雰囲気を左右するのが、色や装飾です。うつわの色は、白や黒、グレーなどの無彩色のもの、赤や青などの有彩色のカラフルなものなどさまざまです。さらに、無地のものばかりでなく、絵を付けたものや、凸凹を施したものなどもあり、あらゆる技法で彩られています。何気なく使っていたうつわも、色や装飾に注目しながら眺めてみると、それぞれの個性に気づくことができるでしょう。

主な絵柄の種類

水玉	丸を散らした模様。時代や流行に左右されず、現代まで長く親しまれている模様。
市松	二色の四角を交互に配した模様。柄が途切れずに続くことから「子孫繁栄」や「事業拡大」などの縁起柄として使用されてきた。
丸紋	円形の紋。円にははじまりも終わりもないことから、「無限」を表すおめでたい柄。
青海波	扇型を交互に重ねて波を表す。似た模様に扇型の部分が菊の花の「菊青海波」、松の「松青海波」、菱形の「菱青海波」などがある。
千鳥	水辺を群れて飛ぶ千鳥の絵柄。服や日用品の模様として親しまれ、波と千鳥の組み合わせは縁起のよい絵柄とされている。
流水	水が流れる様子。古くから存在する模様のひとつで、弥生時代の銅鐸にも描かれている。

多彩な色で遊ぶ 無地のうつわ

無地といっても、赤や青、黄色など、色鮮やかなものがたくさんあり、選び方次第で彩り豊かな食卓になります。また、同じ無地でも、どのような素材からできているのかによって表情も異なります。無地のうつわは、組み合わせで困ることが少ないため、好みの色を素材違いでそろえてみるのもおもしろいでしょう。特に、やきもののうつわは、土の種類(P126)や釉薬(ゆうやく)の種類(P136)で多彩な色を生み出しているので、とても奥深いです。

繊細なものから大胆なものまで 絵柄のあるうつわ

絵や柄が施されたうつわは、主役級の存在感があります。プリントのものもありますが、筆で描かれたものも多く、和食器だけでなく洋食器の有名ブランドでも手作業で絵付けをしている場合があります。また、ガラスでつくるうつわの中には、さまざまな色のガラス素材を組み合わせる技法(P152)を使って、絵や柄のあるうつわに仕上げるものもあります。

削ったり、型にはめたりして 装飾が施されるうつわ

平皿などに施されるリムも装飾といえますが、そのほかにもさまざまな装飾があります。やきものであれば、土を削る方法(P130)や、装飾が施された型に押し付けて表面に凹凸を生み出す方法(P129)があります。

memo

漢文みたいな名称？

やきもののうつわには、よく長い名称がついています。たとえば「色絵花鳥文輪花鉢」。漢文のようにも見えます。実は、この中に技法、文様、形、うつわの種類という、知りたい情報がすべて網羅されているのです。

漢字ばかりなので、少しとっつきにくいかもしれませんが、わかる言葉を拾いながら読み解いていくと、情報の宝庫だと気づけます。覚えておくと、うつわを探すときや鑑賞するときに役立つかも。

色絵　花鳥文　輪花　鉢

色絵…上絵付の「色絵」という技法(P141)が使われていることを表す

花鳥文…花や鳥の文様が描かれていることを示す

輪花…うつわの形や装飾を表す

鉢…うつわの種類を説明

ざらざら？ つるつる？

うつわに使われる素材

陶器、磁器、ガラス、木工など、うつわの素材にもさまざまなものがあり、見た目も手触りも異なります。好みもありますが、機能的な面だけでなく、素材の特徴を知ることで、季節感を演出したり、料理を引き立てたりと、うつわの楽しみ方が広がっていきます。

陶器　料理を受けとめる懐の深さ

陶器の原材料に使われるのは、陶土（とうど）と呼ばれる粘土。釉薬（ゆうやく）をかける（施釉（せゆう））などして、高温で焼いて（焼成（しょうせい））つくられます。土ならではの温かみと存在感があり、和食をテーマにした食卓には欠かせないうつわです。表面には目に見えるか見えないかぐらいの、小さな穴（孔）がたくさんあるため、保温性が高く、熱しにくく冷めにくい一方、水分を吸水しやすいという性質もあります。長年使っていると貫入（かんにゅう）と呼ばれるひび状の斑紋が出るなど、経年変化が現れる場合もありますが、それこそが陶器の楽しみともいえます。

特徴

- 原材料は主に粘土
- 多孔質
- 吸水性が高い
- 保温性が高く、熱しにくく冷めにくい

磁器　プレーンな色は料理を主役にするステージ

磁器の原材料に使われるのは陶石と呼ばれる石。これを砕いて成形し、施釉後、高温で焼成してつくられます。やきものでありながらガラスのような形質を持ち合わせているのは、陶石にケイ酸系の成分が含まれているからだといわれています。指ではじくと高く澄んだ音がするのも特徴で、陶器のような小さな穴(孔)がないため堅牢で、吸水性も低く、初心者でも扱いやすい素材といっていいでしょう。陶器に比べると薄くシャープに成形しやすく、洗練された印象になります。

特徴
- ガラスのような形質
- 原材料は主に陶石を砕いたもの
- 吸水性が低い
- 保温性は低く、熱しやすく冷めやすい

半磁器　陶器×磁器のいいとこどり

原材料に使われるのは、陶器をつくる粘土と磁器をつくる陶石の両方をブレンドした「半磁器土」。これを成形後、施釉して高温で焼成してつくられます。見た目は陶器のような土の質感で優しい風合いを持ちつつ、磁器のような強度もあります。ただ、多少の吸水性はあるので、陶器に近い感覚で扱ったほうが安心です。

特徴
- 原材料は主に半磁器土
- 吸水性は陶器よりは低いが磁器よりは高い
- 保温性は陶器よりは低いが磁器よりは高い

半磁器は、陶器と磁器のハイブリッド。陶器と磁器のうつわを食卓で組み合わせて使うとき、半磁器のうつわを混ぜると、仲介役として全体をまとめてくれます。

ガラス　涼し気で軽やかな印象を与える

特徴

- 一般的な素材は「ソーダガラス」
- 通常のガラスは熱に弱い
- 遮光性が高く透明度も高い
- 色の付いたガラスのうつわもある

一般的に、ガラスのうつわに使われているのは「ソーダガラス(P149)」と呼ばれる素材です。比較的入手しやすいため、さまざまなガラスのうつわに使われます。ただし、熱や温度差に弱いという特徴があるため、扱う際には注意が必要です。熱い料理をのせるなどしたいときは、耐熱性のあるガラスのうつわを選ぶようにしましょう。ガラスのうつわというと夏のイメージが強いですが、濃い色や厚みのあるガラスを選べば、季節を問わず使えます。

木工・竹工　ほっこりした安心感のある雰囲気に

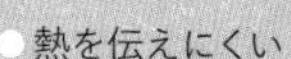

特徴

- 熱を伝えにくい
- 吸水性が高く、料理の水分調整をしてくれる
- 乾燥が不十分だとカビが生えることもある

陶磁器やガラスに比べて熱が伝わりにくく、軽くて丈夫なため、汁椀などに最適なのが木のうつわです。自然素材ならではのなじみやすさや温もりも感じられます。ほどよく水分を吸って、食材や料理の水分量をコントロールしてくれるので、弁当箱の素材としても人気です。竹を使ったざるやかごもうつわとして重宝します。食卓の雰囲気を出すだけでなく、通気性を活かして、果物や野菜を保存するための道具としても使えます。木も竹も吸水性が高いので、洗ったらしっかり乾燥させましょう。

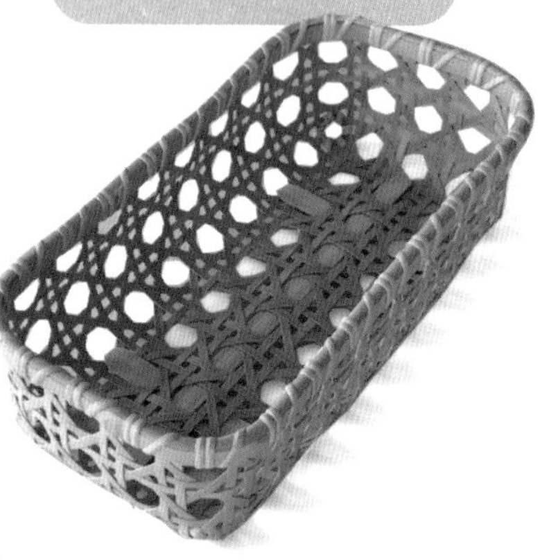

金属 シックなものからワイルドなものまで幅広い

金属でできたうつわの素材では、銀、ステンレス、アルミ、ホーローが一般的です。銀は、その見た目の美しさや口当たりのよさから、洋食のカトラリーによく用いられています。耐久性に優れているステンレスは、アジア各国の屋台や食堂で使われているのをよく見かけます。軽くて錆びにくいアルミでできたうつわは、アウトドアで活躍し、強度の高いホーローは食品の保存にも用いられています。なお、ホーローは鉄やアルミなどの金属素材の表面にガラス質の釉薬をかけて高温で焼成しているため、ほかの金属素材とは違った雰囲気があります。

特徴
- 銀、銅、ステンレス、アルミ、ホーローがある
- 丈夫なものが多い
- 油汚れなども落ちやすい
- 熱を伝えやすい

プラスチック 軽くて使い勝手がいい

特徴
- 軽くて割れにくい
- 加工しやすく薄くできる
- 陶器のような質感のものもある

プラスチック(樹脂)でつくられるうつわは、なんといってもその軽さが魅力。加えて、金属と同じで割れにくい性質を持っているため、子ども用や飲食店用のうつわの素材として使われるケースも多いです。加工がしやすいため、陶器やガラス、金属では実現できないような薄さにすることも可能。一見すると、陶器と見間違えてしまうような質感のものもあります。

大きさの基準

うつわのサイズを示す“寸”

和食器の大きさを示す際に用いられるのが“寸”です。一寸は約3cm（正確には30.303mm）で一尺は約30cmなので、一寸は一尺の10分の1の大きさです。五寸皿ならば直径約15cmの皿、八寸皿ならば直径約24cmの皿ということになります。お皿の大きさは3cm刻みになっていて、一般的には、二寸以下は「豆皿・手塩皿」、三寸〜四寸は「小皿」、五寸〜六寸は「中皿」、七寸〜八寸が「大皿」と考えておけばいいでしょう。なお、洋食器の場合には“cm”が使われるケースが多くなります。

小皿

直径が三寸〜四寸（約9cm〜12cm）の小皿は、豆皿同様の使い方もでき、おかずをのせるのにもちょうどよいサイズ。同じ柄でそろえるだけでなく、柄違い、素材違いで買い集めて、組み合わせて使うこともできます。

豆皿・手塩皿（てしおざら）

豆皿は、手のひらにのるぐらい、直径が一・五寸から二寸（約4.5cm〜6cm）の皿。かつて、食膳（食器をのせる台）のお清めを目的とする塩を盛る皿として使われていたことから「手塩皿」という名称でも親しまれてきました。醤油やタレを入れるだけでなく、複数のおかずを少量ずつ盛って楽しむこともできます。

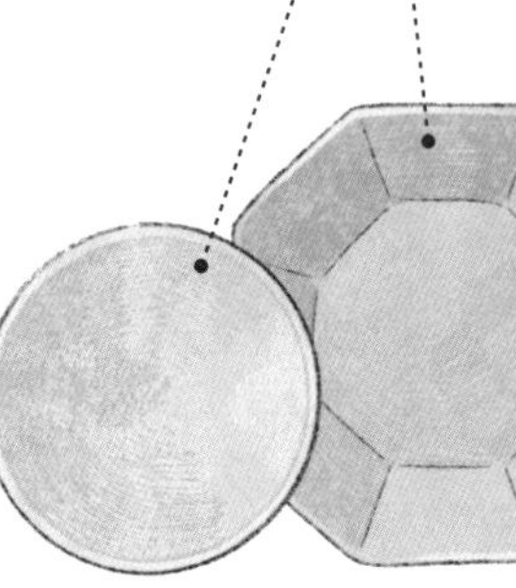

中皿

直径が五寸〜六寸(約15cm〜18cm)の中皿は、取り皿やパン皿など、汎用性のあるサイズ。和食・洋食・中華などジャンルを問わず、料理からデザートまで、どのような用途にも使えます。小皿との組み合わせも考えて、まずは飽きのこないシンプルな無地のものを選ぶといいでしょう。色で迷ったら白を選ぶと間違いありません。

大皿

直径が七寸〜八寸(約21cm〜24cm)の大皿は、一皿で完結する料理を盛ることが多いサイズ。メインの肉料理をのせたり、副菜を一緒に盛り付けてワンプレートにしたり、カレーやパスタを盛ったりするのにもぴったりです。丸皿だけでなく、いろいろな形を持っていても使い道に困ることがありません。

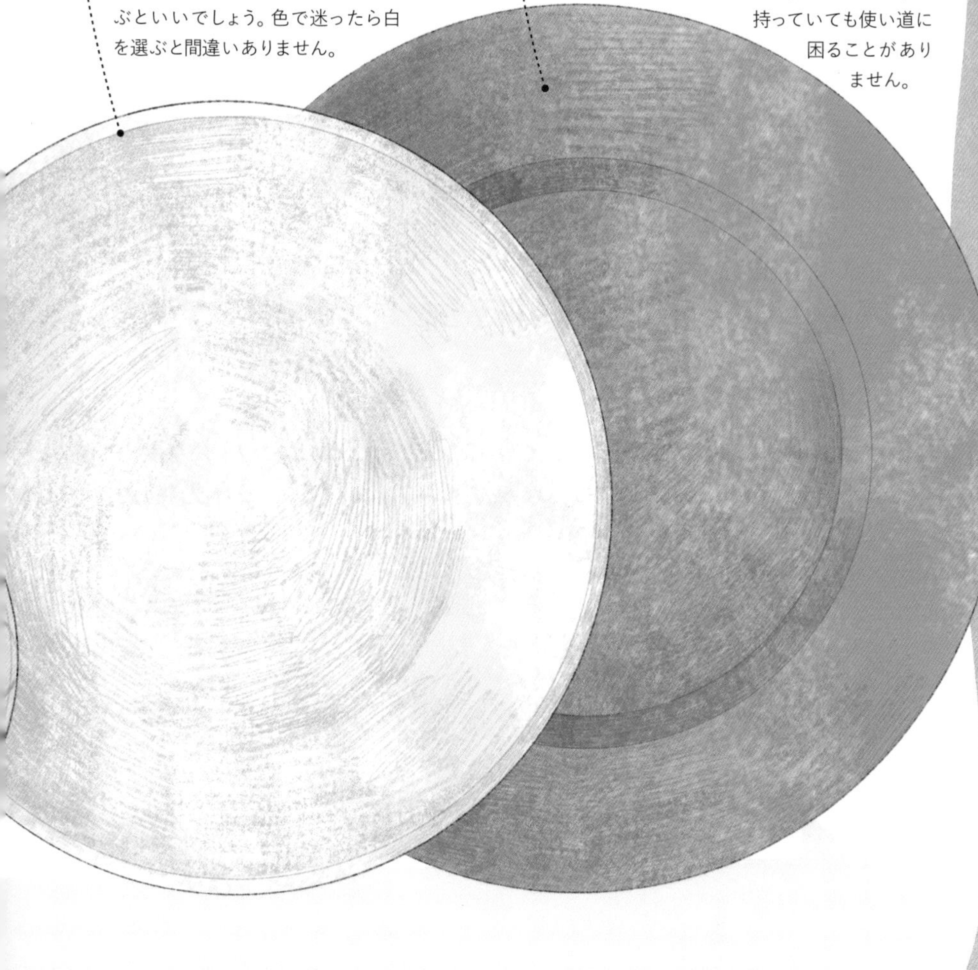

まずはそろえたい

基本のうつわ5点

うつわを買いたいけど、どんなサイズや用途のものを買えばいいのか悩んでしまう……。そんなときに参考にしてほしいのが「基本のうつわ5点」です。本書で提案する基本のうつわ5点とは、「飯碗」「汁椀」「鉢」「24cmの平皿」「小皿」のこと。使いまわしもでき、この5点があれば家で食べるほとんどの食事をまかなうことができます。色や柄は、まずは「白」でそろえておくと、どんな料理とも相性がよくおすすめです。質感をそろえることも意識しましょう。個性を出したい場合は、24cmの平皿以外の「小皿」で個性を出すようにすると全体のバランスを保ちやすくなります。

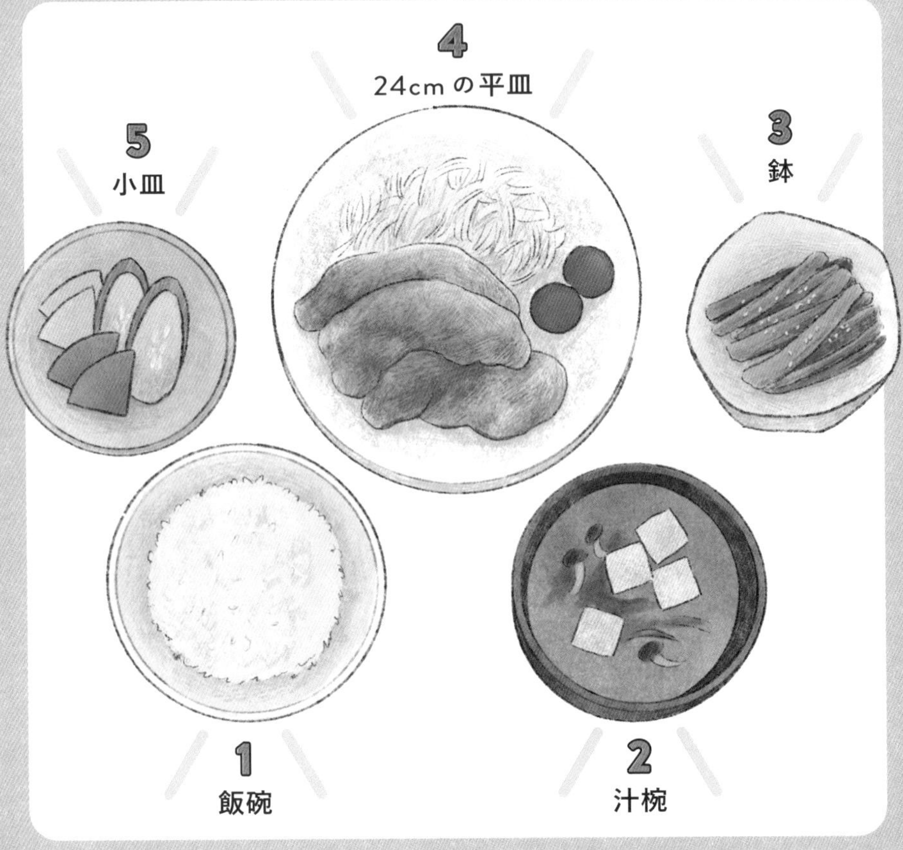

1 飯碗

食べる量に合わせたサイズ

基本のうつわとしてまずおさえておきたいのが飯碗です。日本人の多くは、自分だけのご飯茶碗を持っていて、これを「属人器（ぞくじんき）」といいます。食べる量は人によって違うので、量に合わせて大きさを決めるようにしましょう。

両手の親指と中指を合わせてつくった輪に入る大きさ

口縁に親指を、高台に中指を添えて、力を入れずに持てる深さ

2 汁椀

飯碗と同様に持ちやすい大きさと深さ

汁椀も、飯碗と同様に持ち上げやすく、手になじむものを選びましょう。素材と塗装によってさまざまな種類がありますが、白のうつわに合わせやすいのはナチュラルなカラーのもの。黒や朱色のものに比べて、和食だけでなく、洋食にも違和感なく使うことができます。熱い料理を入れる場合が多いので、持ちやすい木のうつわがいいでしょう。

和洋中で使えるようにナチュラルなカラー

うつわが熱くても持てるように高台は必須

3 鉢

料理がよく見えるよう口縁は広め

汁気のあるおかずを入れることができる鉢は、意外と使い勝手もよく重宝します。最初の鉢として選びたいのは、やや浅く、口縁の広い小鉢。和食、洋食問わずさまざまなおかずを入れることができ、使い方のバリエーションも増えます。口当たりがいいように、少しつるっとした薄めの口縁のものがおすすめです。

深すぎない浅めの小鉢（三寸〜四寸）

つるっとした口縁

4 24cmの平皿

魚や肉などのメイン料理を盛る大きめの平皿。副菜がのっても主役がはっきりするので、強弱をつけた盛り付けもできます。最初の一枚は、盛り付け部分ができるだけ平らな平皿にしましょう。フラットなもののほうが、主菜やそのまわりに副菜を置きやすくなります。大きさは約24cmの八寸皿を。色は白で統一しますが、マットな質感のものを選ぶと、シンプルでありながらあたたかみも。陶器のほうが優しい色合いのものを見つけやすいかもしれません。

5 小皿

9cm程度(三寸)の小ぶりなお皿は、刺身や餃子などを食べるときに使う醤油やタレを入れるのになくてはならない存在です。液体を入れるので、少し縁のあるものがいいでしょう。色は白で統一してもいいですが、小皿には少し柄が入っていても邪魔になりません。漬物や副菜も入れられるので便利に使えます。

「白」にもいろいろな表情がある

「白」のうつわといっても、白にはさまざまなトーンがあります。洋食器の白いお皿と、和食器の白いお皿をイメージしただけでも、なんとなくその違いを想像できるのではないでしょうか。「とりあえず白でそろえておけば統一感が出る」という考え方でも問題ないですが、色調や質感の違う白を合わせると、まとまりが悪くなるケースもあります。

できれば「白」という色だけでなく、その質感まで統一できると、まとまりよくスタイリッシュな食卓のコーディネートができます。

陶土ベースの白いうつわ

磁器土ベースの白いうつわ

温かみがありくすんだ雰囲気

シャープで透明感がある

そもそも、陶器の場合は素地(きじ)が土なので、ただ焼くだけでは白くなりません。白いうつわへの憧れは昔からあり、素地の上から白化粧土(しろげしょうど)をかけたり、白い釉薬を施したりすることで、独特の白さを生み出してきました。そのため、陶器の白いうつわは、真っ白というよりも、くすんだ白やマットな白になります。

代表的な装飾方法が粉引(こひき)(P132)。これによって生まれるぽってりとした温かみのある白は落ち着いた雰囲気となります。

磁器は、陶石を精製してつくられる磁器土を原料とし、透明な釉薬を施すため、輝くような白いうつわになります。つるっとした真っ白なうつわがほしい場合は、磁器から選べば間違いありません。比較的リーズナブルな価格帯から手に入れられるのも、磁器ならではです。同じく白い磁器として「ボーンチャイナ」がありますが、白磁器が「カオリン」を使うのに対し、ボーンチャイナは牛骨を使い、乳白色に仕上がるのが特徴です。

基本のうつわにプラス

万能なうつわ3点

和食の基本である一汁三菜の食事は「基本のうつわ5点」があれば、十分に楽しむことができますが、食卓の雰囲気を変えたり、スタイリングのバリエーションを増やしたりしたいなら、「万能なうつわ3点」をプラスしてみましょう。

うつわ初心者だと、つい、色や柄、形のかわいさに惹かれて、用途を考えずにうつわを買ってしまいがちです。それはそれで楽しいですが、思ったよりも使い道がなかったり、収納に困ったりして、買わなければよかったなんて後悔することも。そんな事態にならないよう、新しいうつわを買い足す際には、ここで紹介する使い回しが効く3種類の万能なうつわを選んでみてください。

基本のうつわ5点に組み合わせる

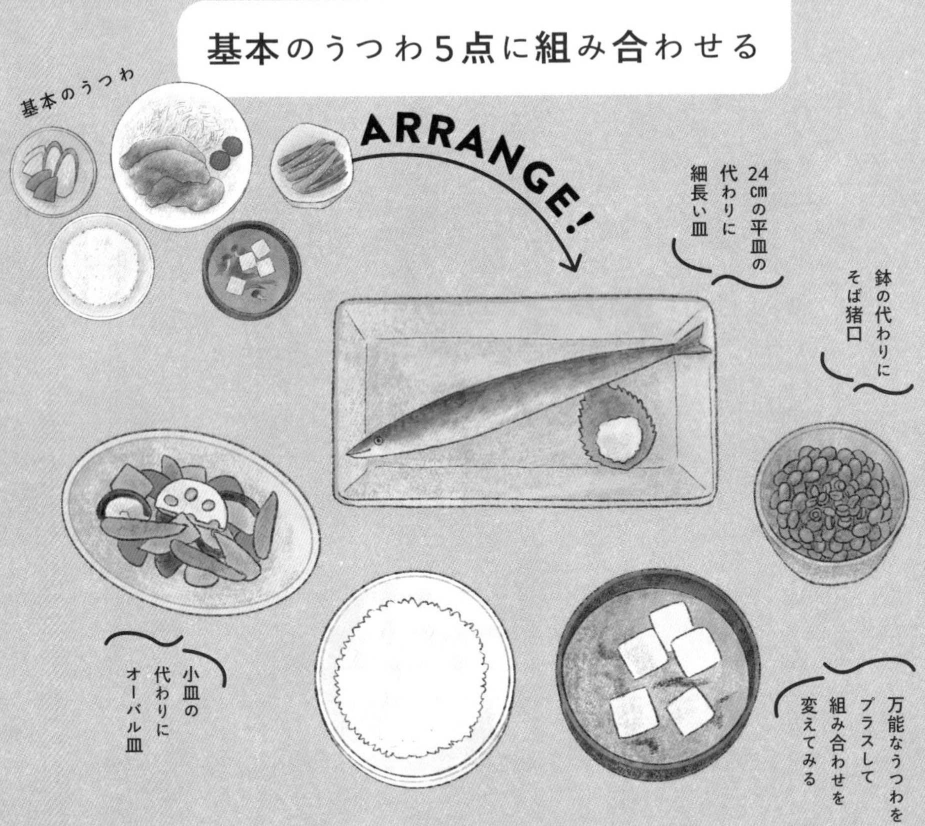

1 細長い皿

卵焼き、焼き魚など食材の形をそのまま活かせる

縁の有無は好みでOK

約10cm

約21cm

大きすぎても使いにくいので、まずは切り身魚がのせられる横約21cm、縦約10cmのものをチョイス

万能ポイント

- 余白ができにくいので、無駄なスペースが生まれない
- 数種類の料理を盛り付けても様になる
- 串ものや細長い焼魚などの「長いもの」の盛り付けに最適
- 丸皿が並ぶ食卓のアクセントになる

万能なうつわのひとつ目は「細長い皿」。24cmの平皿の代わりとなることを想定しています。丸い平皿とは違って、縦方向に大きさがないため余分な余白ができないところが、初心者にも使いやすいポイント。盛り付けがしやすいお皿です。雰囲気もガラリと変わるため、食卓のバリエーションが一気に広がります。

おすすめの細長い皿

縁が少し立っていると汁気のある料理にも対応できる

板のように平らな長角皿はモダンな雰囲気に

2 オーバル皿

万能ポイント

- 余白ができにくいので、無駄なスペースが生まれない
- 正面がわかりやすいので、盛り付けしやすい
- 和風、洋風のどちらにも使える
- サイズが豊富

オーバル皿（楕円形の皿）も、細長い皿と同じく細長い形で余白ができず盛り付けがしやすいうつわ。丸皿と比較して正面が決めやすいのも、盛り付けしやすい理由になっています。細長い皿は和風の雰囲気がやや強いですが、オーバル皿は和風・洋風の垣根なく使える形。まずは、24cmの平皿の代わりの大きさのものを買うのがいいでしょう。小さいサイズのオーバル皿もあり、小皿などでプラスしても使い道には困りません。

おすすめのオーバル皿

無地以外のお皿を楽しみたいときはリムに柄やラインがあるものを。さりげないアクセントになる

縁に立ち上がりがあるものは汁気のある料理にも対応できる。白だと「基本のうつわ」にもなじみやすい

3 そば猪口

万能ポイント

- 小鉢やフリーカップ感覚で使える
- スタッキングしやすいので収納時に場所をとらない
- お茶やお酒を飲むカップとしても使える

そばつゆを入れてそばを食べるときに使うそば猪口には、その形と大きさゆえ、茶器、酒器、小鉢など、さまざまな使い道があります。どんな食材とも相性がいいので、おかずはもちろん、デザートを入れても。フリーカップのように持ち手がないため、重ねて収納することもできます。サイズも特に決まりはないので、いろいろな色、柄、サイズのものをそろえてもいいでしょう。

おすすめのそば猪口

大中小でそろえる場合も、色の雰囲気を合わせると統一感が生まれる。真ん中がそば屋にあるスタンダードサイズ

memo

そば猪口の魅力

使い方が自由なそば猪口は、サイズも柄もバリエーション豊かです。自分好みのものを見つけやすいかもしれません。冷たいそばを食べるために作られたものですから、ほかの国では見られない、日本独自のうつわです。

食卓の引き立て役

雰囲気を一新するトレイや折敷（おしき）

テーブルは食事を楽しむだけでなく、パソコン作業などに使う場合も多いでしょう。そういったものを毎回全部片づけるのが大変、というときに便利なのが、トレイや折敷です。人数分のトレイが置けるスペースを確保し、その上に食器をのせれば、あっという間に食卓に早変わり。あるいは、広めのテーブルにひとりで食事をするときでも、トレイや折敷にコンパクトにまとめれば、見栄えもよくなります。トレイや折敷によって結界がつくられるイメージです。

来客時やホームパーティーのときなどは、テーブル全体を覆うクロスも雰囲気をガラっと変える効果があるのでおすすめです。持っているうつわとの相乗効果を考えながら、雰囲気にマッチしたものを選びましょう。

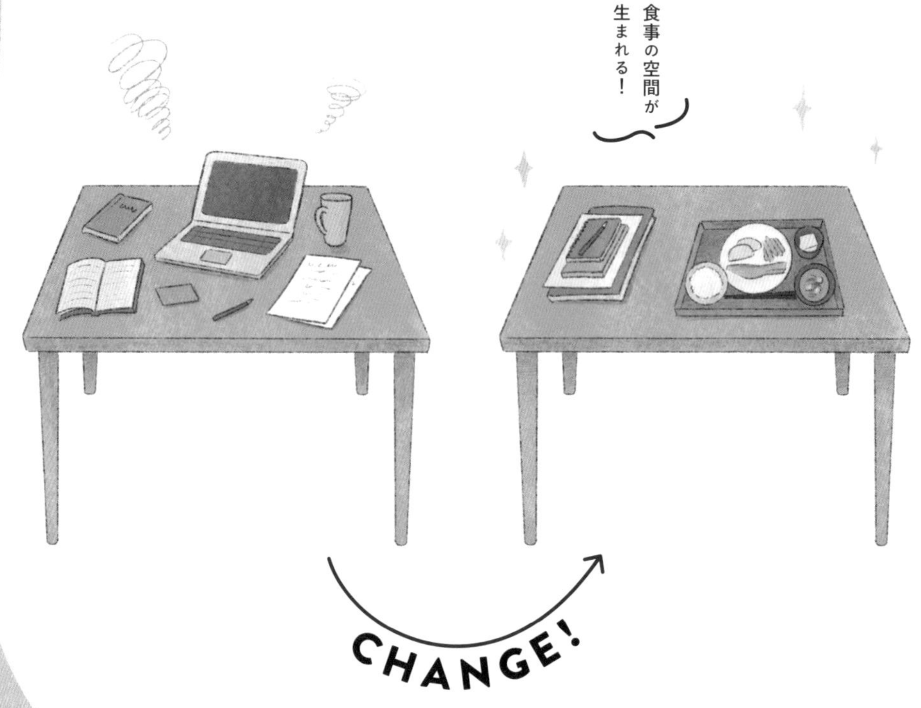

トレイ＆折敷

トレイはいわゆるお盆のこと。食器を運ぶための道具で、丸や四角、長方形のものが多く、持ち手がついているケースもあります。折敷は、もともと食器や料理の下に敷いた木製の食台のこと。縁や持ち手がなく、まるで一枚の木の板のようなたたずまいのものもあります。

トレイを運ぶときは持ち手が小さく、立ち上がりが1cmくらいの低いものがおすすめです。うつわを運ぶだけでなく、そのまま食卓に置いて折敷のように使えます。

大きさは21cm程度の小さめサイズのものなら、丼ぶりひとつを置くのにぴったり。ティータイムにカップとプレートをのせても素敵です。30cm程度の四角いものなら一汁三菜を置くことができます。うつわの数が多い場合は大きさのある四角い形のものが使いやすいです。

トレイ

縁や持ち手があるものも

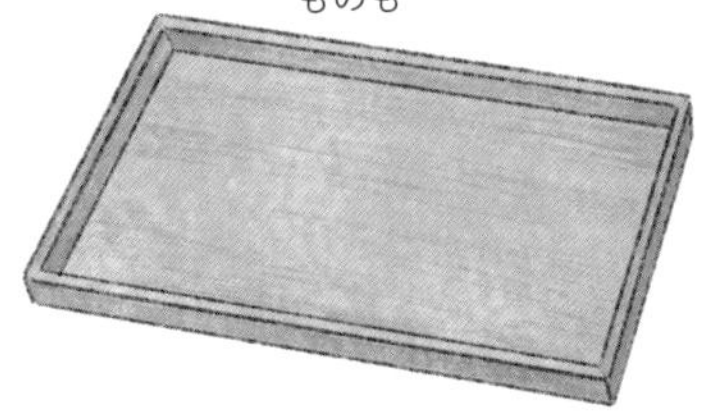

折敷

物を運ぶのには向かない。漆が塗られている場合もある

ランチョンマット＆クロス

布製の敷物（ランチョンマットやクロス）も、食卓の雰囲気を変える道具としては定番です。木のテーブルにそのまま熱いものや冷たいものをのせると、輪ジミになる場合があるので、テーブルを保護する役割も果たしてくれます。布製のものは色のバリエーションが豊富なのも魅力。ランチョンマットやクロスを選ぶ際は、うつわや料理の色をひとつチョイスして合わせるようにすると統一感を出せます。メンテナンスの手間が気になる場合は、汚れにくく、しわにならない素材のものや、水ぶきできる素材のものを選ぶと、気軽に日常使いができます。

料理の素材の色からランチョンマットの色を決める

見た目と使いやすさを両立させたい!

カトラリーの選び方

カトラリーの種類

食事に欠かせないカトラリーは、食卓を演出する小道具でもあります。料理に合わせるのが基本ですが、こだわりを持って選ぶと楽しめます。

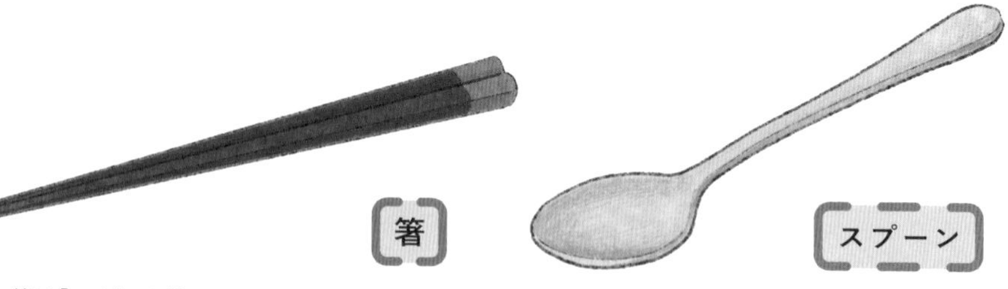

箸

箸は「マイ箸」を持つ人も多く、属人性が高いものです。長さ、太さ、形、素材などによって使いやすさも違うので、試してみて自分の手になじむものを選ぶようにしましょう。木製で装飾のない、シンプルなデザインの箸だと、どんなうつわとも合わせやすいです。

スプーン

まずそろえたいのが、カレーやピラフ、スープを食べるのに便利な18cmほどのスプーン。大きさや質感、形、重さなど、いろいろあるので、使いやすいものを選びましょう。ステンレス製、銀製、木製、プラスチック製など、素材も豊富。コーヒーや紅茶を飲むときに使うティースプーンも合わせてそろえておきましょう。

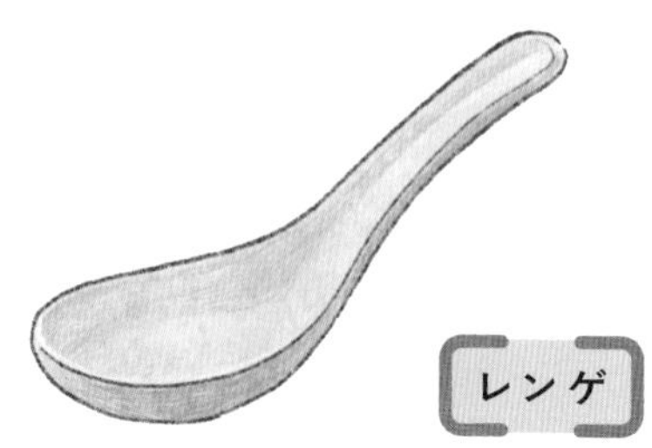

レンゲ

おかゆや中華料理を食べるときに欠かせないのがレンゲ。底が深くて平たい、ちょっと大きめなスプーンです。陶器製のほか、ステンレス製、プラスチック製などもあります。浅めと深めがあり、汁物を食べるなら深め、ご飯ものを食べるなら浅めが使いやすいでしょう。

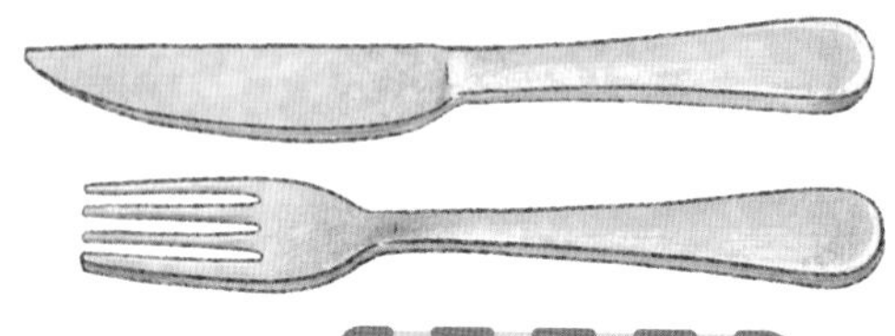

ナイフ&フォーク

ステーキやハンバーグなどを食べるときはナイフ&フォークの出番。日常で使うならステンレス製、ハレの日に使うなら銀製など、使い分けるのもいいでしょう。デザートナイフとデザートフォーク、少し小さめのケーキフォークがあると便利です。

選ぶポイント

1 好みのデザインや素材で選ぶ

毎日必ず使うカトラリーは使いやすさだけでなく、デザインにもこだわりたいもの。目にして、手に取って、「かわいいな」「好きだな」と思えることも大切。たとえば、木のカトラリーに一目ぼれしたなら、積極的に使っても構いません。ただし、デザインが派手なものや個性的なものは、うつわとのバランスをうまく保てない可能性もあります。食卓全体の雰囲気を占める割合は低いといえども、全体のバランスを考えるのであれば、シンプルなものや、目指す雰囲気に合うものを選ぶといいでしょう。

2 料理に合わせて選ぶ

ステンレスなど金属製のカトラリーは、丈夫で汎用性もあり、誰もがひとつは持っているものでしょう。ただ、料理によっては、金属のにおいや冷たい触感などが気になるケースも。そんなときに持っていたいのが木製や磁器製のカトラリー。特に、おかゆや中華料理を食べるときに使うレンゲは、磁器製が一般的です。料理によっては、カトラリーにまで気を配ることで、味の感じ方が変わります。

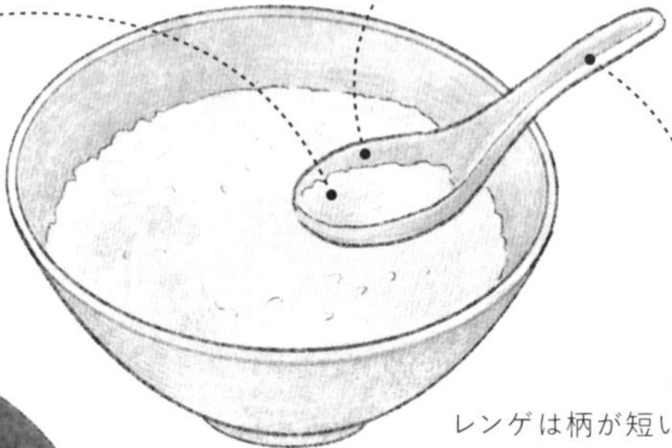

磁器製のレンゲは口当たりがいい

スプーンよりすくえる量が多いのでご飯やスープ系に合う

レンゲは柄が短いのでお椀に対して使い勝手がよい

木のフォークは、和菓子の菓子切りやようじの代わりにも使えます。素材が似ていると違和感が生じにくいので果物を食べるときにもいいですね

肉を切るには銀やステンレスなどの金属でできた切れ味のよいものを

選ぶポイント3 うつわの素材との相性で選ぶ

うつわの素材によっては、カトラリーで傷が付いてしまう可能性もあります。木や表面に凸凹がある陶器のうつわは、金属製のナイフとフォークを使わないほうが無難です。磁器でできているうつわは比較的強度があるため、金属製のカトラリーを使っても大丈夫です。

また、うつわとカトラリーの相性としては、音も大事です。ときどき、ナイフがうつわに当たって耳障りな音を発することがあります。どの組み合わせであれば嫌な音を発しないのか、気にしながら使うようにするといいですね。

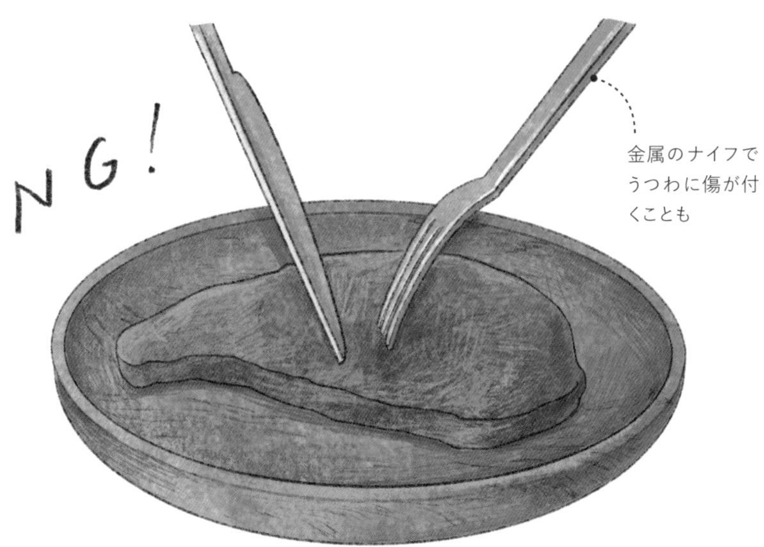

memo

カトラリーのうつわ

箸には「箸置き」、レンゲには「レンゲ皿」、ナイフやフォークには「カトラリーレスト」といったように、それぞれのカトラリーに合わせて、置くためのうつわがあります。食卓のアクセントになりますし、戻す場所があると、整った食卓になります。

どこで買う？

自分好みのうつわとの出合い方

うつわについての知識が増えたところで、いよいよ自分好みのうつわ探しに出かけてみましょう。大事なのは、積極的にたくさんのうつわと出合うことです。お店に足を運んで自分の手で触れて、持って、しっくりくることを確認してから入手すると、より愛着がわきます。最近はインターネットでうつわを扱うお店も増えました。サイズや重量を確認しながら、ゆっくり吟味して購入するのもよいでしょう。

出合いを逃さないためには、日ごろから意識的にうつわを見る習慣を身につけ

ここで買える！

出合い1 百貨店はファーストコンタクトにぴったり

最初に行ってみたいのが百貨店のうつわ売り場。誰でも気軽に立ち寄れ、気構えることなく入れるので、初心者にとってはありがたい場所。ほとんどの百貨店には、陶磁器からガラス、漆器、木器などが一通りそろっていて、ときには作家の企画展なども催されています。思わぬ出合いがあるのが、百貨店です。

百貨店では、意外と予期せぬ出合いがあるものです。私はインテリアコーナーで実演販売しているのを見て匙や箸を買ったことがあります。話を聞いたり、触らせてもらったりしているうち使ってみたくなる、というケースも。

出合い2 専門店やギャラリーで知識を増やす

街でうつわの専門店を見つけたら、とりあえず入ってみましょう。特に知識がなくても、自分の感性で好きかどうかを感じればいいので、気後れする必要はありません。気になるうつわがあったら、どこで製作されたものなのかなど、店員さんに質問をしてみるのもいいでしょう。情報を得ることで、知識も増やせます。また、好みがある程度固まっている人は、ネットや雑誌などで探して、自分の好みに合いそうなギャラリーや専門店を訪れるのもおすすめです。

私は本を読んだり、美術館でさまざまな作品を見たりすることで知識を増やしました。自分でうつわを買って実際に使うことで理解が深まりますよ。

ましょう。すると、「これは好きだ」「これはあまり好きではない」という分類が、なんとなくできてきます。百貨店、ショッピングセンター、ギャラリー、陶器市など、いろいろ見て歩き、目を養うところから、うつわ探しの旅ははじまります。

出合い 3

陶器市で掘り出しものを探す楽しさ

陶器市とは、毎年全国各地で開催されるイベントで、各地ゆかりの窯元のやきものが集結します。一度に、たくさんのうつわに出合うことができるのも魅力。好きなやきものの産地で行われる陶器市に出向いてみるのもおすすめ。全国の陶磁器が一堂に会する「全国陶磁器市」なども、随時開催されています。有名なやきものを一挙に見られるので、出合いがぐんと増えます。

陶器市では、百貨店や専門店では出合えない、ちょっとどこかに欠点のあるうつわがB級品として売られていることも。私は欠点がそのうつわのチャームポイントになっていると感じることもよくあります。

日本の有名な陶器市

有田陶器市（佐賀県有田町）
佐賀県有田町で行われる。上有田駅から有田駅の間約4kmに店が並ぶ。その数は約450店を超え、全国から100万人が訪れる。

土岐美濃焼まつり（岐阜県土岐市）
岐阜県土岐市は陶磁器の生産量日本一を誇る。土岐美濃焼まつりの出展者数は300を超え、毎年約30万人の来場者で賑わう。

せともの祭（愛知県瀬戸市）
1932（昭和7）年から開催され、瀬戸川の両岸約800mに市内の瀬戸物問屋や窯元などを中心とした約200店が軒を連ねる。新作発表や陶芸展なども催される。

益子陶器市（栃木県益子町）
1966（昭和41）年から開催される、地域の商店や窯元が参加する街全体のイベント。焼物だけでなく、地元の農産物や特産品の販売も行われる。

信楽陶器まつり（滋賀県甲賀市）
信楽焼で有名なたぬきの置物が会場にたくさん並ぶ。メインイベントの陶器まつり大即売会では、窯元や作家のうつわが定価の2～5割引で購入できるなど、人気の陶器市。

＊開催時期はwebサイト等で確認してください。

好みを見つけるためのポイント

1 とにかくたくさん見て目を養う

100円から数万円まで、うつわの値段はいろいろ。高いからいい、というわけではないのですが、見て回っているうちに、値段なりの価値もわかってきます。できるだけたくさんのうつわを見てみましょう。入り口として百貨店は最適です。一度にさまざまなテイストのうつわを見ることができるだけでなく、店舗の立地や顧客層などによって品ぞろえが異なるので、百貨店ごとに違った窯元のやきものやガラス製品に出合えます。色柄の美しさ、テクスチャーのよさ、技巧の素晴らしさなど、見ていくうちにお気に入りがきっと見つかります。

2 作家で集めてみるのもいい

気になる作家さんがいたらネットをチェック。若手の作家さんはSNSをやっている方も多く、中には使い方のヒントになるような写真をのせているケースもあります。気になるものが見つかり、値段にも納得できたら、オンラインショップで試しに手に入れてもいいでしょう。気に入ったら、その作家さんのうつわをシリーズでそろえるのも楽しいですね。

3 専門店やギャラリーも個性がいっぱい

専門店やギャラリーは、店主の趣好によってうつわが選ばれているため、似たテイストのものが見つかり、調和するものがそろいやすいという利点があります。お店の人は知識も豊富で目利きですから、いろいろ聞いてみてもいいでしょう。会話の中から好みのうつわを提案してもらったり、さらにうつわの深い話も聞けるかもしれません。

4 焼き物の産地や陶器市でお気に入りをゲット！

気に入ったやきものに、「〇〇焼」と書いてあれば、そのやきものの産地に行ってみるのもいいですね。その地域で作陶している作家さんのうつわを扱う店があったり、「〇〇焼」の店が数多く並んでいることが多いので、見て回るのも楽しいひとときです。工房見学が開催されていることもあり、違った楽しみ方もできます。

もう困らない！

うつわの上手な収納方法

うつわを集めはじめると、必ず直面するのが収納問題です。食器棚のスペースは限られているのにどんどん買い足してしまうと、容量オーバーになるのは当たり前。新しく買うときは、収納スペースについても考えましょう。使う機会の少ないうつわは、手放すことを念頭に置いてもいいかもしれません。

収納に当たっては、一つひとつ、お店のディスプレイのように並べて置くのも素敵ですが、限られたスペースでは難しいことのほうが多いでしょう。そこで重要になるのが、重ねること（スタッキング）が可能かという点。ただし、異素材同士をスタッキングすると破損の原因になるので、なるべく大きさや素材をそろえて重ねるようにしましょう。

収納の基本「重ねる」ときの注意点

食器の収納は「重ねる」ことが多くなります。同じ素材同士でスタッキング可能なうつわであれば、何の問題もありません。見た目もすっきりし、見つけやすいので、うつわが迷子にならずにすみます。ただし“陶器の上にガラス”など、異素材同士を重ねると傷つけ合ってしまい、破損の原因になります。また、厚みが違いすぎるもの、ぴったり大きさが合っているものだと、取るときに壊れやすいので注意しましょう。

ディッシュラックなどで収納力アップ

あまりたくさんのうつわを重ねてしまうと、下のうつわが取り出しにくくなり、いざ取り出そうとしたときに、割ってしまうことも。食器棚の棚板同士の間に空間がある場合は、ディッシュラックを使って収納力をアップさせるのもひとつの手です。専用のラックも売っていますが、食器棚のサイズに合わせて棚板を手づくりするのもいいでしょう。

memo

水分はしっかり取ってから食器棚へ

陶磁器、漆器、ガラス、木器など、どんな素材の器であっても、濡れたまま食器棚に収納するのはご法度。漆器や木器は、特に水分が大敵なので気を付けている人も多いと思いますが、陶磁器も水分は嫌います。カビやシミの原因になるので、洗ったあとはしっかり乾燥させて、食器棚に戻しましょう。碗の高台や皿の裏側には、意外に水分が残っているので注意が必要です。裏側が乾いているか触って確認してから食器棚に戻す習慣をつけましょう。

カップは下向きに置くことで安定しホコリ対策にもなります

布や新聞、キッチンペーパーを活用

うつわを重ねる場合には、間に新聞紙やキッチンペーパーをかませると、傷が付きにくくて安心です。割れやすいガラス食器や繊細な装飾が施されたうつわなどは、布にくるんでおくのもいいですね。割れやすいうつわはとにかく摩擦を嫌うので、お気に入りのものは念入りに保護しておきましょう。

うつわを長く使いたい!

使い方と日々のお手入れ

手元にあるうつわは、積極的に使いましょう。使い込むほどに愛着がわき、うつわの素材によっては経年変化が生まれて、自分だけのうつわに育っていきます。そのためには、電子レンジや食洗機との相性、洗い方、しまい方といったお手入れについて知っておくことも大切。ほんの少しだけ手間をかけて大事に扱うことで、うつわを長く楽しむことができます。

磁器　絵が描かれているものだけは要注意!

磁器は陶器と違って丈夫で、吸水性も低く、天ぷらなど油分の高い料理を盛っても、油ジミなど大きなダメージを受けません。

基本的に電子レンジでの使用が可能ですが、金彩・銀彩が施されたものは、レンジの電磁波が金属に当たり火花が出ることがあるので、使用は厳禁です。また、極端に薄いつくりのうつわは割れやすいので、食洗機は使わないほうがベターです。

洗うときは、水に浸けおきしても傷みの原因にはなりませんが、上絵(うわえ)(P140)が施された磁器(金彩・銀彩、色絵、染錦など)は剥げたり、色落ちしたりする可能性があるので避けましょう。研磨粒子が入っていない、柔らかいスポンジで優しく洗います。

陶器　使う前にもひと手間を！

陶器には目に見えない穴がたくさんあるため、料理や飲み物の水分が染み込んで、色やにおいが取れなくなったり、亀裂が入ったりします。それを防ぐために行うのが「目止め（めどめ）」です。購入後、お米のとぎ汁などを使って行います。

油分や色素の強い料理は、うつわの上に直接盛り付けず、ペーパーなどを敷くのも安心です。吸水性があるので、電子レンジの使用は避けましょう。

洗うときは柔らかいスポンジで優しく洗います。茶渋がついたときに漂白剤を使うことがありますが、種類によっては漂白剤のにおいがついてしまう危険性があるので注意が必要です。必要な場合は重曹を使ってみても。特に釉薬のかかっていない焼締（やきしめ）（P136）のものなどは気をつけましょう。

使い方1
使いはじめる前の目止め

鍋にお米のとぎ汁や小麦粉を溶いた水と陶器を入れて沸騰させて、15分ほど加熱します。加熱後、そのまま冷やし、ぬめりを落とし、よく乾燥させます。

色が染みる「貫入（かんにゅう）」も魅力のひとつなので、あまり神経質にならなくても大丈夫！

使い方2
毎回水にくぐらせる

2回目以降に使う際も、さっと水にくぐらせてから使うと、におい移りが防げます。

漆器　極度の乾燥などの環境変化にも注意！

漆器は急激な温度変化に弱く、熱湯をそそぐと、ひびが入ってしまう場合も。同じ理由から電子レンジでの使用も避けましょう。

洗い方

長時間水に浸けておかず、なるべく早めに洗います。傷が付きやすいので、食洗機は使わず、研磨粒子が入っていないスポンジで優しく洗うようにします。洗い終わったら、自然乾燥ではなく布巾などで拭くほうが、水分が早めに取れ長持ちします。

収納方法

割れを防ぐため、直射日光の当たらない場所が最適。漆器は極端な乾燥を嫌うので、長く使わない場合には、食器棚に水の入ったコップを一緒に入れておくと安心です。

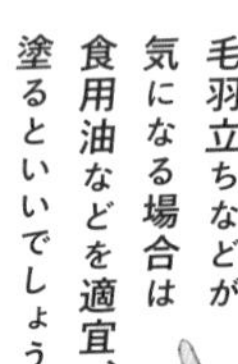

木器　水分がカビの原因になる！

木のうつわに天ぷらなどをのせるときは、ペーパーを敷くなどして、油分が付かないように気を付けましょう。特に無塗装のものはにおいやシミが付きやすいので、使用前に水に浸けてから使いましょう。

洗い方

油汚れがなければ、洗剤などは使わず、さっと水で洗うぐらいでも大丈夫です。長時間水に浸けておくのはシミやカビの原因になるのでNG。割れの原因になるので、食洗機を使うのもやめておきましょう。洗ったら、すぐに乾いた布で優しく水分を拭き取り、さらに乾いた布の上などにのせて乾燥させます。サラダボウルとして使ったりしたときの油にも注意です。

ガラス　水垢が残らないようにしたい！

非耐熱ガラスは急激な温度変化に弱いので、熱湯を入れたり、電子レンジでの使用もNGです。耐熱ガラスの場合は、熱湯を入れたり、電子レンジで使用したりしてもある程度大丈夫ですが、ガラスの特徴に合わせて「使用区分」が決まっているので、表示をよく読んでから使ってください。

洗い方

柔らかいスポンジで優しく洗いましょう。ほかのうつわとは違うスポンジで洗うと洗いあがりがきれいに保てます。それが難しい場合は、最初にガラスを洗うようにしましょう。食洗機は割れやすかったり、ほかの汚れが付きやすかったりするので、おすすめできません。水垢が残るのを防ぐため、自然乾燥は避け、すぐに乾いた布で優しく水分を拭き取り、乾燥させます。

ステンレス　注意点があまりないうつわ！

ステンレスのうつわは、注意点があまりありません。独特な艶を保つために、固いスポンジや研磨剤の使用は避けましょう。

食洗機で洗っても問題ありません。速乾性もあり、軽く水気を拭き取って収納しましょう。

銀　保管に注意が必要！

洗うときは柔らかいスポンジで優しく洗いましょう。強い水圧で洗ってしまう可能性があるので、食洗機はおすすめできません。また、ペーパーにくるむ、専用の箱で保管するなど、日光を避け、空気に触れないようにします。銀は空気に触れると黒く変色しますが、これは空気中の硫化水素と化学反応を起こし、表面に硫化銀の被膜ができるためです。この膜により、黒く見えています。専用のシルバークロスなどで優しく磨きましょう。

Column 1

うつわにまつわる言葉 1

手取(てど)りのよさ

いろいろなうつわを選ぶ上で、目安のひとつとなるのが「手取りのよさ」です。手取りというと、たいていは「手取りが多い、少ない」など、給料や賃金に対して、実際にもらえる金額の意味で使います。しかし、やきものの世界ではちょっと違います。「手に取ってなじみや感触をはかる鑑賞法」のことを“手取り”というのです。見た目だけではわからない、手に触れたときの素材のなじみ具合、手触り、重さ、持ちやすさなど、実際に使ううつわを評価する基準として用います。

気になったうつわは、まず手に持ってみる。そして、しっくりくる「手取りのいいうつわ」を探す。それが好きなうつわを探す一歩なのです。

うつわにまつわる言葉 2

よそう

ご飯を碗に盛ることを、「ご飯をよそう」と表現します。この言葉は10世紀ごろから使われていたようで、語源は「装(よそお)う」、つまり「飾る、設える」といった意味になります。「なるほど、ご飯を盛り付けることはご飯をうつわに飾ることなのか」と、納得する人も多いのではないでしょうか。洋服を選ぶ感覚で料理に似合うお皿を選ぶことが、昔から行われてきたのだと思うと、なんだか嬉しくなります。

「盛り付ける」というと少し大げさな雰囲気になりますが、「よそう」は比較的カジュアルで柔らかな言葉。炊きたてのご飯をどんなうつわで飾ってあげようか、考えながら食卓を整えるのも、なかなか楽しいひとときです。

好みのうつわを探す 1

美術館で目を鍛える

特に陶磁器は種類も豊富で魅力も多彩です。好みのものと出合うためには、できるだけたくさん見て、目を鍛えることが大事になります。「いいものを見る」という意味で、美術館で名品を鑑賞するのもおすすめ。鑑賞するときは、ひとつでもいいので、気になる作品、心惹かれる作品を見つけてください。色、形、装飾、何でもいいので、気になるところを見つけ、突き詰めていくと、自分の好みがわかってきます。「この焼きむらが気になる」「絶妙な色合いが好きだな」などと気づくことで、あなたと陶磁器との距離を縮めることができます。

どこに惹かれるのかは十人十色なので、「これで合っているのかな」など不安に思う必要はありません。大事なのは自分の感性を信じて向き合うことです。

好みのうつわを探す 2

印判手(いんばんて)から取り入れてみる

うつわの知識が増えていくと、骨董の魅力にはまる人もいるでしょう。数百年前につくられた手描きの染付や色絵などは深い味わいがあり、確かに心惹かれます。ただ、骨董の多くは高価ですから、気軽に手を出せません。手描きが主流だった江戸時代も、これらは庶民の手には届かない高級品として珍重されていたものです。

しかし、明治期以降に登場した「印判手」が、そんな常識を覆しました。印判手とは、転写シートなどに描かれた模様を磁器に写して、リーズナブルに大量生産を可能にした技術。印判手ものであれば、明治・大正期のうつわであっても、数千円前後で購入できるものもあるので、古いうつわに興味を持った人は、まずは印判手のうつわを使うのもおすすめです。

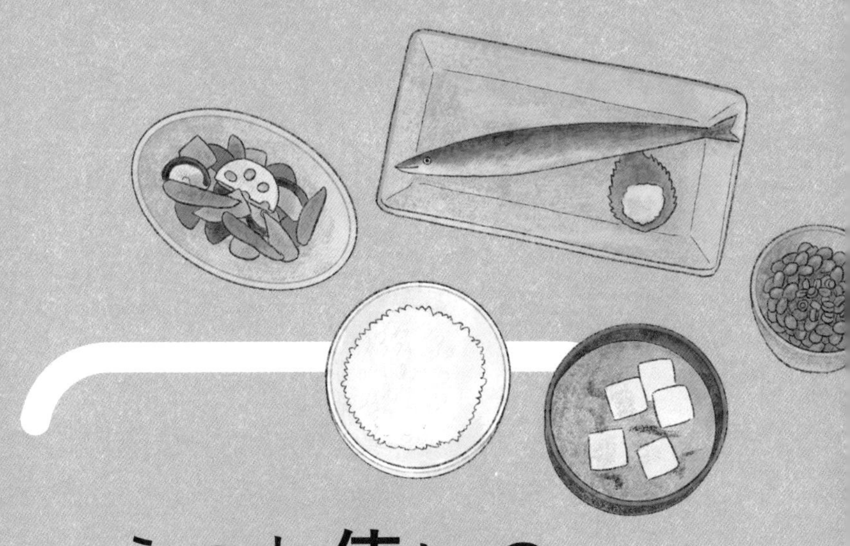

うつわ使いのアイデア

ここまで、基本でそろえておきたいうつわや、
うつわの選び方についてお話ししてきました。
次に、実際に料理などと合わせるときの
ポイントについて解説します。
うつわの持つ魅力や特徴を活かして
素敵な食卓を演出してみましょう。

アイデア
1

「基本のうつわ5点」を使い倒す

第1章で紹介した「基本のうつわ5点」は、どんな料理にも合う優れものです。
白のシンプルな色合いは、和食でも洋食でも、朝昼夜も問わず、
どんな場面でも使えます。毎日の食事で、たくさん使ってみてください。

定食スタイルで肉料理でも魚料理でも決まる

迫力の一枚肉もきれいにおさまる

肉が定番の洋食。一枚まるごとのチキンソテーも24cmの平皿におさまります。空いたスペースには、マッシュポテトなどつけ合わせを。鉢にはサラダ、豆皿にはフルーツを盛って彩りよく。箸は白いうつわに映える明るい色の木製をチョイス。テーブルが濃い色ならダークな色の箸もなじみます。

基本のうつわ5点セット

飯碗

口縁に親指、高台に中指を添えて力を入れずに持てる深さ

汁椀

和洋どちらにも合うナチュラルカラーのもの

鉢

やや浅く、口縁の広いものが使い勝手がよい

大皿

盛り付け部分ができるだけ平らな約24cmのもの

小皿

液体も入れられるよう少し縁のある約9cmのもの

和食・洋食どちらにも合う

魚も丸ごとのせてOK

洋風の魚料理だけでなく、和食に欠かせない焼き魚にも使える皿。24cmの平皿なら、一尾丸ごとしっぽまできれいにのります。皿をステージだと考えて真ん中に盛り、余白には大根おろしやすだちを添えると品よくまとまります。鉢には小さな副菜、小皿に漬物をのせて一汁三菜の食卓の完成です。

大皿は一枚で完結できる！

朝は洗い物も減らせるワンプレート

24cmの平皿はたっぷり料理を盛り付けられるのが最大の魅力。ワンプレート料理も難なくこなせます。パン、スクランブルエッグ、野菜サラダをバランスよく盛り付けてモーニングセットのできあがり。ワンプレートだから洗い物が少なくすむのも嬉しいところ。

昼食メニューも平皿にのせて

具をたっぷり入れたチャーハンも平皿で。中華スープは汁椀ではなくあえて飯碗を使うことで中華っぽさがアップします。木のスプーンを合わせれば、いつものチャーハンも違った雰囲気で楽しめます。

鉢にはおかずやデザートを入れる

汁気のある副菜には深さのある鉢を使う

汁まで飲みたい副菜を盛る

和食でも洋食でも、出汁やスープまで味わいたい汁気のある副菜は、口の広い小鉢がぴったり。口が広いので、具材はもちろん、中に入っている汁まで見えて、食卓にも映えます。朝食の定番ヨーグルトも、上からフルーツを盛ることができるサイズ感。少し贅沢な気分が味わえます。

必需品の小皿もいろいろな場面で使える！

箸置き

小さなテーブルだと、箸置きを置くとちょっと窮屈になる場合も。そんなときは色や形がおしゃれな小皿に梅干しや漬物などをのせ、手前に置いて箸置き代わりに使うのもおすすめです。

タレ

小皿の使い方の定番といえば、やはりタレ入れ。刺身の醤油、餃子のタレ、生春巻きのチリソースなど、日本の食卓には欠かせない存在です。

お皿が小さいからこそ量の調整に使える

おやつ

品よくのせておやつタイムにも使えます。少量しかのらないので、食べすぎ防止にも。

アイデア
2

細長いお皿をプラス

「基本のうつわ5点」の次に持ちたい「万能なうつわ」が“細長いお皿”です。理由はズバリ、料理を余白なく盛り付けられるから。和洋の料理に使えるように、オーバル(楕円形)と長角皿を一枚ずつそろえておけば安心。バランスの取れた盛り付けができます。

細長いお皿で初心者でも上手に盛れる

小ぶりなメインにぴったりの形

切り身の魚など、細長くて少し小ぶりなメインの料理のとき、丸皿だとどうしても空間を持て余してしまうことが。そんなときに活躍するのが、オーバル皿や長角皿です。オーバル皿に切り身の魚を盛ると、余白がないのでバランスよく盛り付けられます。

輪花型なら基本のセットにもぴったり

「基本のうつわ5点」に足すのなら、細長い形をベースにしながら遊びがあるものがおすすめ。花の形を模した輪花型は種類も豊富で、きちんとしていてかわいいイメージがあるので取り入れやすく、変化も出ます。オーバル皿は和食でも洋食でも料理を選ばないので、気軽に取り入れられておすすめです。

縁の立ち上がった オーバル皿ならさらに万能

洋風のリムのお皿は、和食に使うと雰囲気がちぐはぐになりがちですが、上の写真のお皿のように縁が少し立ち上がったものは幅広く使えます。縁があることで、煮魚など汁気のある料理を入れることもでき、カレーライスなどにもぴったりの形です。

オーバル皿は大きさやデザインも豊富

「基本のうつわ5点」の平皿より少し大きい27cmくらいのオーバル皿だと、主役級の料理がぐっと映えます。ケチャップをたっぷり添えたオムライスの、赤と黄色の世界観を邪魔しないように真っ白な磁器のオーバル皿を。

アスパラなど、細長い料理をきれいに盛り付けることもできるのがオーバル皿。食材を半分に切ったりせず、そのままドンとのせることで豪華さを演出。黄色と緑色の対比も美しく、おもてなし料理としても最適です。

長角皿は和の雰囲気を演出

長角皿には出汁巻き玉子のような四角い料理を盛ると、ぴったりきれいにまとまります。「基本のうつわ５点」はどれもベースが丸皿なので、長角皿が一枚あると、食卓全体の雰囲気が変わります。テーブル全体の余白も出にくくなり、まとまりもよくなります。

長角皿におさまりがよい料理といえば串もの。丸皿だと、焼き鳥、串焼きをのせる際、串の向きや置き方に迷ってしまいがち。10cm程度の奥行の長角皿なら、お店で買える焼き鳥の長さにもぴったりです。

アイデア 3

そば猪口をプラス

「基本のうつわ５点」に足す「万能なうつわ」としておすすめなのが“そば猪口”です。
そばつゆを入れてそばを食べるときに使ううつわとして知られていますが、
実はもともと湯呑や小鉢として、いろいろな場面で自由に使われてきた万能選手。
アイデア次第でいろいろ使えます。

品数が多いときに活躍

おかずをたくさん食べたいとき

何を入れても様になるのがそば猪口。複数のおかずを食べたいときには、鉢のほかに少し大きめのサイズのそば猪口があれば、ばっちりです。「基本のうつわ５点」に合わせるなら、やっぱり白。しのぎ（P130）などの変化のあるものを選ぶといいアクセントになります。

汁気のあるおかずとの相性がばっちり

納豆をパックからそば猪口に移し替えるだけで、ぐんとおいしそうに見えます。深さがあるので、卵やネギを入れてかさが増した納豆を勢いよく混ぜてもこぼれません。

具のないポタージュは汁椀に入れると少し大きいけれど、そば猪口ならジャストサイズ。柔らかい色の料理には青磁がよく似合います。木のコースターや皿、スプーンなどをプラスすれば、さらに柔らかな雰囲気が出せます。

飲み物もちょうどいい量を入れられる

湯呑としても使える

どことなく、湯呑と形が似ているそば猪口。サイドがストレートですっきりとしたデザインのそば猪口は、通常の湯呑やくみだし茶碗よりモダンな雰囲気。複数あれば、来客時にも使うことができます。

落ちつきのあるお酒時間に

小さなそば猪口は、日本酒のぐい呑みとして。大きめのそば猪口なら、口が広いので氷を入れるオンザロックスタイルにも、お湯割りにも。

おやつや食後のデザートにもぴったり

みつ豆やあんみつなどの和のスイーツこそ、そば猪口との相性は抜群です。大サイズなら容量もたっぷりと入ります。ガラス素材なら冷たいお菓子とも相性がぴったりです。

デザートカップにもそば猪口はうってつけ。そば猪口にカラフルなアイスやシャーベット、フルーツなどを彩りよく盛って、自宅でスイーツバイキングを楽しんではいかが？ スイーツ類がカラフルなので、そば猪口は潔く真っ白な磁器で。

アイデア
4

日本食には欠かせない丼をプラス

かつ丼、親子丼、そば、ラーメンなどを食べるとき便利なのが“丼”です。
一口に丼といっても、実はサイズや形もいろいろあり、使い勝手も異なります。
丼の特性を知って、自分にぴったりのものをプラスしましょう。

深さのある丼と口縁が広い丼

深さのある丼は、料理が冷めにくいので、熱々のスープが入るうどんやラーメンなど、麺料理に適しています。応用は難しいので、麺料理のためのうつわとして活用しましょう。口縁が広い浅めの丼は、持ち上げやすく、角度があるのでごはんの上に具材ののった丼料理に最適で、おかずを盛ることもできて便利。深さに関係なく、どちらの丼も熱いものを入れても持ち上げられるように、高台は必須です。

深めの丼には温かい麺類を盛る

熱々の料理に使うときはうつわの厚みに気を付けて

小さすぎるとスープがいっぱいになって食べにくいので、直径15cm前後、700ccぐらい入るものを選びます。熱いものを入れるので、安心して使えることも大事。ある程度の厚みのあるものを選ぶといいでしょう。シンプルな具材のうどんなら、色柄のある丼を、ラーメンのように具材が多い麺類が好きなら、無地の白磁などがおすすめです。

具材の多い料理は口の広い丼が食べやすい

具材の多い丼料理は、底まで食べやすい浅めの丼で。牛丼などスタミナ系の丼ならば象嵌や力強い灰釉など個性的なものを。雑煮や雑炊、具だくさんスープなどには、直径15cm程度の少し小ぶりなものがあると重宝します。アジア料理は意外と丼で食べる料理が多いので、旅先で買ったうつわを使えば、エスニックな空気感が生まれます。

旅先で
うつわとの
出合いが
あるかも!?

おかずを盛るのにも丼はぴったり

おでんや煮物など、ごろっとした料理を入れるのにも使えます。色や柄、大きさは好きなもので大丈夫。どっしりとした土のやきものには体が温まるような料理を。

今日は野菜をもりもり食べたい……！ そんな気分のときに使いたいのが浅めの丼。口の広い丼なら、鉢のように盛り付けることができ、食べやすいのもポイントです。白いやきものなら、みずみずしいサラダにもぴったり。

アイデア
5

イメージに合わせた色選び

うつわの色を変えるだけで、食卓に「かわいい」「クール」「素朴」など、さまざまなイメージが広がります。料理によって、その日の気分によって、食卓のイメージを変えるのは楽しいもの。ここでは、黒、カフェカラー、民藝の土っぽい色合いのうつわを紹介します。

黒を使うとはっきりした印象になる

黒いお皿は食卓にコントラストを与えるので、うまく利用することで強さを表現できます。たとえば、トマトを白いお皿にのせると爽やかな雰囲気ですが、黒いお皿にのせるとシックで力強くなります。黒は野菜の赤や緑といった色を引き締めて見せてくれるので、全体に迫力が出るのです。

カフェカラーはふんわりした雰囲気に

アボカドのような少しアンニュイな色味のものは、白いうつわだと、少しぼやけて見えることも。淡い色味のカフェカラーを取り入れれば、ふんわりとした柔らかい雰囲気をつくることができます。食卓にかわいさを取り入れるならおすすめ。

民藝はほっこりした印象になる

きんぴらごぼうや筑前煮など、茶色っぽくて素朴な和食を白いうつわに盛ると、すっきりとした印象に。ちょっと味のある雰囲気を演出したいときは、民藝を取り入れてみて。手仕事ならではの土味のある、ぽってり感が特徴で、料理と相乗効果があります。

黒

コントラストを出したいときは黒を選ぶ

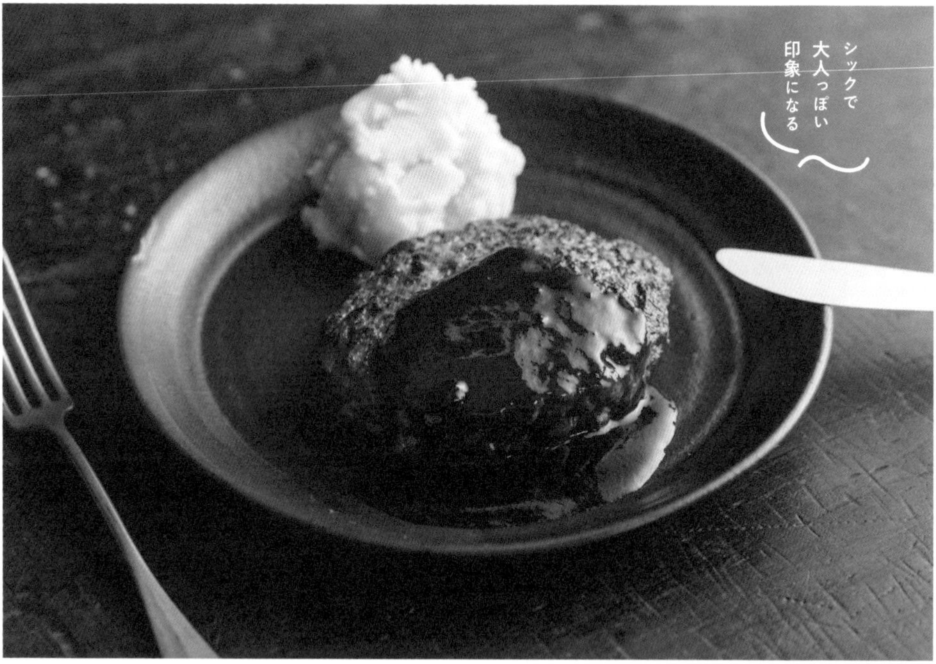
シックで大人っぽい印象になる

黒いうつわは料理の色合いをぐっと締めて強調してくれます。ステーキやハンバーグのジュウジュウと焼けたワイルドな感じを出したいと思ったら、あえて黒いお皿にのせると全体が締まり、力強さやボリューム感が出ます。

野菜にも黒をプラス

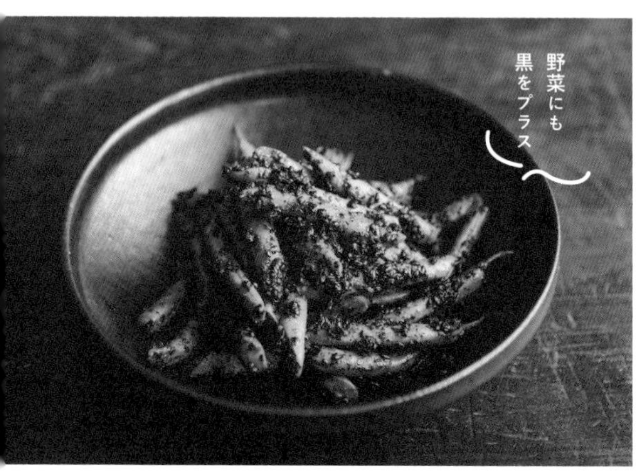

緑と黒は互いを引き立て合う組み合わせ。オクラやインゲンと合わせてみましょう。さらに、黒ゴマや焼き目などで野菜にも黒色を追加すると、うつわの黒と引き合い、"黒×緑×黒"の色彩でパワフルになります。

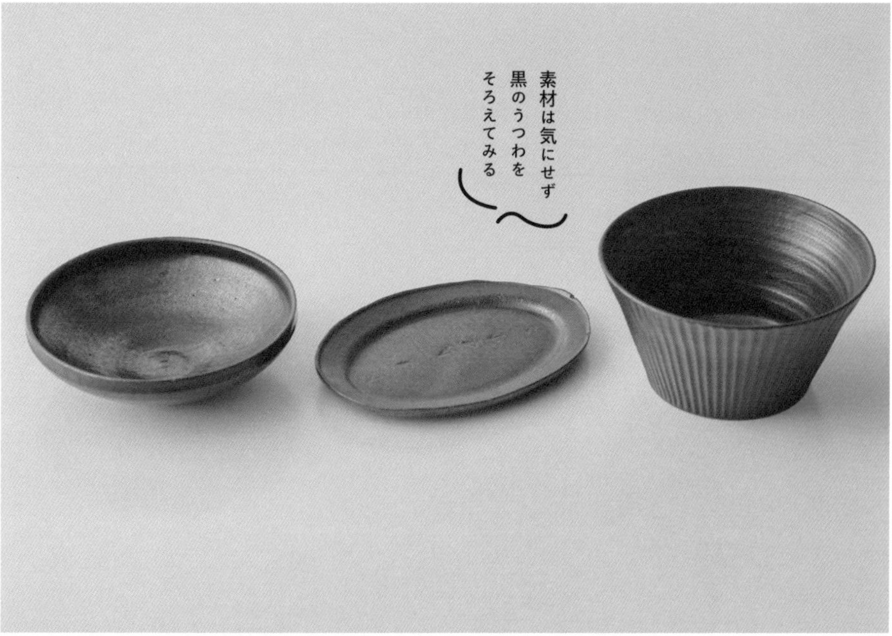
素材は気にせず
黒のうつわを
そろえてみる

黒で統一すると大人っぽさが倍増

色を統一すると、うつわの素材や技法がバラバラでも、一体感が出てまとまりやすくなります。白で統一すると明るくさわやかな雰囲気になりますが、黒で統一すると一気に大人っぽくなります。黒にもいろいろな色がありますが、微妙な違いはそこまで気にしなくてOK。異なる高さ、形、素材を取り合わせても大丈夫です。

個性的な
うつわも
おもしろい

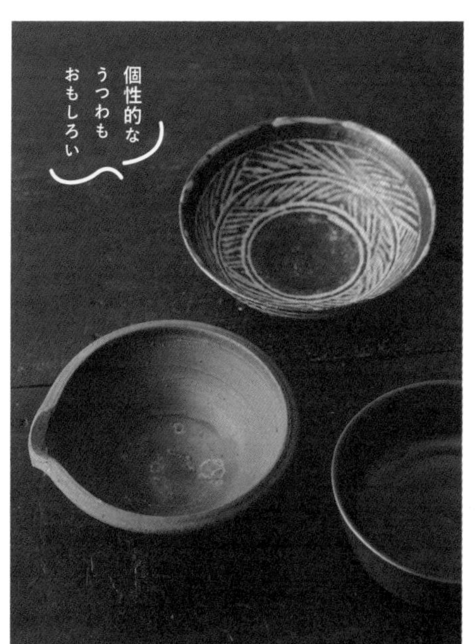

黒に足すなら個性の強いもの

黒は強い色なので、もし別の色を取り合わせるなら、黒に負けない存在感のある色がおすすめ。ポイントはうつわのどこかに黒の要素が入っていること。写真では、単独でも個性的な三島の鉢と焼き締めの片口鉢を合わせました。個性の強いもの同士がうまくバランスを保っています。

カフェカラー

鮮やかな色の料理にもぴったり

主張しすぎず料理をまとめる

形も柔らかく色味もパステル調のうつわを使えば、カフェでよく見かけるワンプレートランチができあがります。カフェカラーはニュアンスカラーともいって、あいまいな色合いが絶妙で、主張しすぎないので、料理は逆に鮮やかな色がお似合い。かわいさを求めるなら、ぜひピンクを取り入れて！

グレーカラーは合わせやすい

淡いグレーは、どんな色にも合う万能カラー。カフェカラーに強い色を合わせると少しバランスが崩れますが、グレーはしっくりとこなれてくれます。ひとつ持っているとコーディネートにとても便利です。

3色以上の組み合わせはポップに

カフェカラー同士はけんかしないので、ピンク、イエロー、ライトグリーンなど、数色組み合わせてもきれいにまとまります。3色以上入れた場合は全体がポップな印象になり、2色までに抑えると少し落ち着いた雰囲気になります。

民藝

素材を引き立てる柄で定食スタイルを

沖縄のやきものなのでゴーヤチャンプルーにぴったり。民藝のうつわは、手づくりの温かさ、力強さが特徴。そのため、食材そのものを活かした料理や、土に近い色味の素朴な料理との相性が抜群です。民藝同士はけんかしないので、組み合わせは自由に。懐かしい気分になるのも、温かみのある食卓になるのも、懐が深い民藝のうつわだからこそ。

旅と食

やきものに興味がある人におすすめしたいのが「やきものの旅」。各地に民藝の窯があり、気軽に訪ねることができます。近くの料理屋さんに行けば、その土地の窯のうつわを使っていることが多くありますから、どんな風に使っているのか、自宅で使うときの参考にもなります。地元の食材を使っていることも多く、食材×うつわの魅力も感じられます。

洋食の郷土料理にも合う

洋食のうつわにしても◎

和食オンリーと思われがちの民藝ですが、実は洋食にも使ってほしいうつわです。たとえばソーセージに茹でたジャガイモとソテーしたトマトを合わせて。素材をそのまま味わうヨーロッパの郷土料理などは、民藝のうつわにぴったりです。

アイデア
6

やきもの以外の楽しい素材

うつわには、やきもの以外の素材もたくさんあります。
普段の食卓にそんな異素材のうつわをプラスすると、雰囲気ががらっと変化します。
利便性のいいもの、海外の雰囲気を演出できるもの、アウトドアでも使えるものなど、
それぞれの特性を活かした使い方を覚えて、ワンランク上の食卓を演出しましょう。

素材が変わると雰囲気ががらりと変化

異素材うつわで、まずおすすめなのが、調理道具にも皿にもなる竹製のざる。吸水・放熱する特性を上手に使うと、とても重宝します。軽くて丈夫なアルミ・ホーロー・プラスチックの皿は、海外の雰囲気づくりにもってこい。温もりのある木のうつわは、食卓を一気にナチュラルテイストに様変わりさせてくれます。

ざる

調理道具がそのままうつわになる

通気性のいい平らな竹のざるは、適度に水分を吸収し網目から熱を逃がしてくれるので、おにぎりなどご飯ものをのせる皿としても大活躍します。丸のほか、オーバルなど変わった形を選んでも楽しいです。おにぎりと漬物を盛り合わせて食卓に運べば手軽なおにぎりランチが完成します。

皿として使う場合は、15〜18cmの目の細かいざるがおすすめ。ゆがいた枝豆やとうもろこしをのせれば、粗熱も取れて、見た目も涼し気です。下に手ぬぐいなどを敷くと水を吸ってくれる上、季節感のアップにも一役買います。

金属

ラフな気分と臨場感をあえて味わう

調理道具とうつわの間のような使い方ができる

アルミは軽くて丈夫なので、大量の揚げ物をドンとのせて食卓へ。うつわ自体がラフなイメージなので、料理もスナック感覚のものを盛ると相性がいいでしょう。ちょっとレトロなやかん色の小鍋は、うつわとしても使えるのでそのまま食卓へ。韓国のおでん屋台の雰囲気にぴったりです。

小鍋もうつわとして使える

ホーロー

アウトドア気分が味わえる

休日のブランチにも

ホーローは、さびにくくて摩耗しにくくアウトドアでも使える素材。ワイルドなサンドイッチを盛って、ベランダでキャンプ気分を楽しむのもありです。

プラスチック

エスニック料理の雰囲気を盛り上げる

プチプラなうつわをそろえても◎

プラスチック素材は、安価に購入できて破損しにくい素材。ポップなカラーでそろえて、タイカレーなどエスニック料理などを盛ると気分が出ます。大勢集まったパーティーなどで使うのも楽しそう。

木工

水分調整の機能性をフル活用

木の一番の特性は吸水性。素材の水分をほどよく吸うので、鉢状のボウルに野菜サラダを入れると、サラダの水っぽさがなくなります。野菜と木という組み合わせもとてもナチュラル。木のうつわは主役級の存在感が出るので、サラダをメインにしたいときにも使えます。

混ぜごはんをつくるときに木のボウルを飯台がわりに活用。適度に水分を吸ってくれるので、ごはんと具材を混ぜ合わせるとよくなじみ、おいしくできあがります。ちらし寿司などをつくる際にも応用できます。

サクサク感を楽しむ

トーストを木の皿にのせるのは大定番。見た目がおしゃれなだけでなく、木が蒸気を吸収するので、トーストに嫌な湿気がつかず、焼きたてのサクサク感がいつまでも残ります。

丸皿はカッティングボードとしても使える

切ってそのままテーブルへ

木の皿は、実はカッティングボードとしても活用できます。チーズをのせて、そのままテーブルに持っていき、お酒を飲みながら好きな分だけカットして食べるのもいいでしょう。

アイデア 7

大人数にぴったりの特大皿

友人や家族が大勢集まって、気の置けない食事会をするなら大皿料理の出番。
ボリュームたっぷりだから豪華になり、各自で取り分けてもらえば、
もてなす側もストレスフリーです。
特大皿は主役になる皿なので、好きな色や柄、素材のものを選びましょう。

フライパンよりひと回り大きいサイズ

一枚持っておきたい特大皿。大きさの目安は、いつも使っているフライパンより2〜3cm大きめのものです。具材たっぷりの料理をつくっても、これなら、よそうときにこぼさず、ストレスなく、すんなり盛り付けられます。

取り皿は「ふきよせ」のスタイルでOK

作家でそろえるのも楽しい〜

大皿料理で必要になるのが取り皿。特大皿を使うときは、柄や素材の違う取り皿を集めた「ふきよせ」スタイルにして、表情豊かな食卓を演出しましょう。「同じ作家ものでシリーズ違い」のようなふきよせもおもしろいです。大きさをそろえれば、バラバラとした印象にはなりません。

あふれることなく盛り付けができる

大きさを
合わせておくと
きれいに盛れる

フライパンいっぱいに焼いた餃子も、特大皿のサイズを合わせておけば上手に盛り付けることができます。赤をうつわに取り入れると、中華料理のイメージにもぴったりです。意外性のあるチェック柄のタレ用小皿も特大皿の赤色に合わせれば、違和感がありません。

調理したまま食卓に

熱々の料理は、それだけでごちそう。オーブンで調理したものをそのまま食卓に持っていけば、寒い季節のおもてなしにもぴったり。そこで取り入れたいのが耐火性の特大皿。オーブンに入れば形は何でもOK。大きめの木のスプーンで取り分ければ、よりいっそう温かい雰囲気の食卓になります。

アイデア
8

持っておきたいお菓子のうつわ

おやつタイムは至福のひととき。せっかくなら、おやつタイム用のうつわを用意しておくのはどうでしょうか。気分をさらにアップしてくれる素敵なうつわを、和菓子用、洋菓子用それぞれでそろえたり、カップ＆ソーサーを自分らしく使ったりすると、よりいっそう自宅でのおやつタイムが楽しめます。

大好きなお菓子専用のうつわ

饅頭専用につくられた皿があるのを知っていますか？ その名も「饅頭皿」です。民藝運動で知られる濱田庄司が好んで焼いた皿で、大きさは四寸ほど、どっしりとした厚みと丸みがあります。饅頭好きなら、ぜひひとつ持っておいてほしいうつわです。大福などの和菓子にもぴったり。

あられやスナック菓子などの袋菓子が好きなら、からっとしたお菓子にぴったりな木の鉢がおすすめ。袋から直接食べるとつい食べすぎてしまうもの。うつわに盛れば食べすぎ防止になりますし、お茶うけをつまみながら飲むお茶は、いっそうおいしく感じられるはず。

定番のケーキ皿をひとつ持つ

主役を目立たせるための余白を

ケーキなどの洋菓子には、約15cm径のリムがあるフラットなケーキ皿がおすすめです。リムが額縁になって主役のケーキを引き立てます。また、余白があることも大事です。ジャストサイズのお皿より少し大きめなお皿のほうが、ケーキをよりおいしそうに見せることができます。

縁のあるお皿

ケーキはフォークで食べるので、縁のないもののほうがフォークが当たらず食べやすい。

演出上手なカップ&ソーサー

たまには優雅なティータイムを楽しみたいという人は、ポットとカップ&ソーサーのティーセットが便利。セットでそろえるのが難しい場合は、色味をそろえておくだけでも統一感が出ます。

クッキーやビスケットなど、手軽に食べられるお菓子はソーサーにちょこんとのせてもOK。飲みものだけではさみしいときに、手軽におやつタイムを楽しめます。ミルクティーやカフェオレに浸しながら、気軽にサクサクいただきましょう。

ソーサーはお皿としても使える

カップとソーサーを別々に使っても○

カップ&ソーサーをばらして使うのも、ひとつのアイデアです。気軽にセットアップで楽しみましょう。

アイデア
9

お酒と楽しむうつわ

暑い夏に飲むビール、秋の夜長にたしなむワインなど、季節や気分によって飲みたいお酒もいろいろです。おつまみを雰囲気にマッチしたうつわに入れれば、晩酌タイムがさらに楽しくなります。酒席を盛り上げるようなうつわをそろえてみてください。

お酒好きにこそ集めてほしい豆皿

お酒のおつまみは、少量をいくつも並べると、居酒屋のおつまみセットみたいでワクワクします。そこで登場するのが豆皿&小皿。おつまみを入れる豆皿&小皿は、クセのあるものこそ大歓迎。簡単なおつまみも、ユニークな皿に入れるだけで少し贅沢な気分になれます。旅先でご当地のお酒と食材、豆皿を一緒に買ってきて、余韻に浸りながら酒盛りをするのも楽しそう！

少量を手軽に見栄えよく盛り付けられる

同じ形や柄で色違いをそろえるのも楽しいし、全く違うものを取り合わせてもおもしろいのが豆皿&小皿のいいところ。残り物のおかずを盛り付けてもいいし、乾き物や市販品でもOK。いろいろな種類を少しずつがポイントです。形がユニークすぎて収納に困ったら、大きなざるにまとめて入れておくのがおすすめ。

日本酒には伝統的な文様のうつわを

日本酒には、昔からあるような伝統的な柄や文様のうつわを。冷ややっこを盛った染付のうつわと瑠璃釉のぐい吞みで、和の世界観が完成します。手軽に手に入る骨董でもいいですし、あえて古い雰囲気でつくった作家ものでも。

真っ白な磁器をワインに合わせる

ワインのおつまみといえば、生ハムやチーズ。洋風な料理は色味がカラフルで賑やかなので、潔く白磁のうつわに盛り付けて。主役のワインも引き立ちます。

大胆な柄でビール気分を盛り上げる

柄のおもしろさで遊んでみて

陽気に飲みたいビールのつまみには、鶏のから揚げなど、ボリュームたっぷりな料理が多いので、料理に負けないパンチのあるうつわの出番。大胆に施された大ぶりの柄が楽しい気分を盛り上げてくれます。組み合わせもあまり気にせず、とにかく楽し気なうつわを選ぶのが正解です。

アイデア
10

うつわを活かす土台を考える

テーブルコーディネートを考えるとき、忘れてはいけないのが土台となるテーブル。
色や素材によって映えるうつわが異なるので、まず基本の組み合わせを覚えましょう。
さらにトレイや折敷、ランチョンマットを使うことで、ワンランク上のコーデが楽しめます。

実は重要なテーブルの色

ベージュ

木の手触りも感じられるような、温かみのあるベージュのテーブルには、柔らかなトーンのうつわが映えます。

ダークブラウン

シックで味わいのある、落ち着いた色合いのテーブルには、民藝のような渋めなうつわがぴったり。

ホワイト

シンプルでスタイリッシュなイメージを出せるのが白いテーブル。色味のあるうつわも合いますが、白やガラスなどのうつわだとモダンな雰囲気に。

手軽に使えるトレイ

トレイにのせて
定食スタイルに

丸や四角、長方形など形も豊富で、色、素材もバラエティに富んでいるトレイは、空間を切り取り、パーソナルスペースをつくってくれます。天板と同じ色合いと異なる色合いの両方を持っていると、雰囲気を変えるときに便利。

数種のうつわを並べるなら30cm以上、丼やお茶のセットなど少量のものをのせるなら24cm前後のものを選びます。右の写真のように丼ひとつですませるときも、トレイひとつで食卓感が出ます。

きちんとしたスタイルには折敷(おしき)

食卓がランクアップする折敷を使う

懐石料理などで古くから使われてきた折敷は、もともと料理の下に敷くもので、正方形や長方形などが多く、直接料理を盛り付けて使うこともできます。漆塗りの折敷などは改まった感じを出せるので、来客時のおもてなしにも便利です。

ランチョンマットは季節感の演出

色や柄、素材がさまざまで、選択肢の多いランチョンマット。うつわや料理がシンプルでも、ランチョンマット一枚で自在に食卓を演出できます。汚れてもすぐに洗濯でき、畳んでしまえるので収納場所もとりません。うつわとの色を合わせれば、上手にまとまります。夏は麻や竹などで涼しさを、冬ならウールで温かみを演出しても。

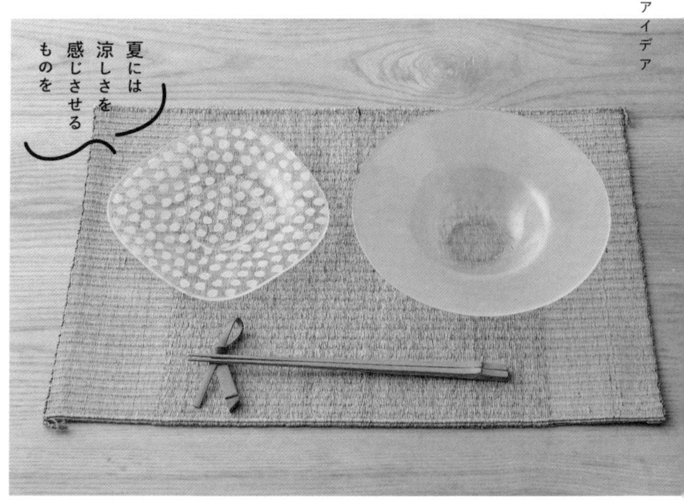

夏には涼しさを感じさせるものを

冬には料理に合わせて温かみがあるものを

アイデア
11

うつわが活きるスタイリング

Tips 1 同じ作家やメーカーでそろえる

同じ作家さんの作品でそろえると、たとえ釉薬や技法が違っても、自然と調和して無理なくコーディネートが完成します。写真はひとりの作家さんによってつくられた陶器で、灰釉、粉引、刷毛目、三島、唐津を並べてみましたが、全体としてトーンが似ているので違和感がありません。

同じ窯のうつわをそろえてみる

磁器のうつわでも、同じことがいえます。同じ窯で焼いているものには共通のイメージがあるので、取り合わせても不自然になりません。印象的な柄も同じブランドなら合わせやすくなります。1色共通の色があることでまとまりやすくなるので、カラフルで大胆な柄もひるまずに使ってみてください。

Tips 2 個性的なデザインは「大皿」か「取り皿」で取り入れる

個性的なデザインや柄のうつわは、豆皿など小さなうつわだけでなく、大皿でも取り入れてみて。一皿で完結する料理に使えば、ほかのうつわとのコーディネートを気にしなくて大丈夫です。

形が特徴的なうつわを楽しむ

遊び心のあるちょっと個性的なうつわをメインにするときは、ほかのうつわも、同じように、形や柄にちょっと遊び心のあるものを選んでみましょう。個性を引き出し合うことで、統一感のある楽しい食卓が生まれます。

個性的なうつわは、取り皿として取り入れるのもおすすめ。その場合、大皿は色や形がシンプルなものにしておくと合わせやすいです。大皿は、取り皿の素材感と色調に合わせて持っておけば、組み合わせに悩みません。

Tips 3 ガラスには みずみずしい食材を合わせる

フレッシュさを感じる

涼しさを感じさせるガラスには、みずみずしい食材を合わせるのがおすすめ。夏だけでなく、冬のフルーツもぴったりです。そのフルーツの色味や味、香りをイメージして、透明なガラスだけでなく、フェージングなどさまざまな技法のガラスと自由に組み合わせてみましょう。

アルミや白磁との相性がいい

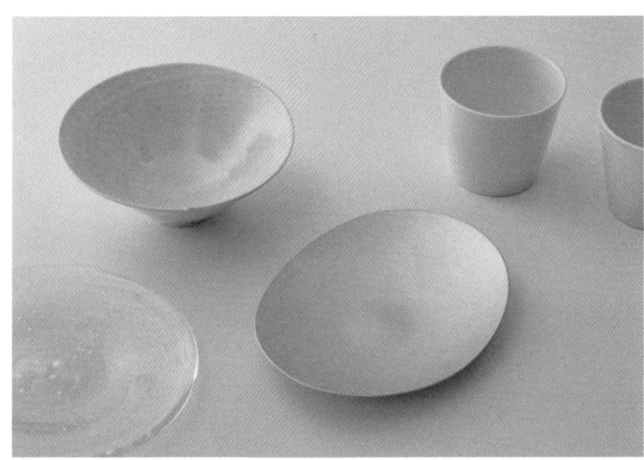

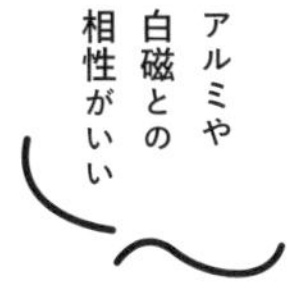

ガラスのうつわは、ほかの素材のうつわとの組み合わせも自在です。特に相性がいいのは軽やかなアルミや、すっきりとした白磁など。お互いに透明感があるので、きれいに調和します。

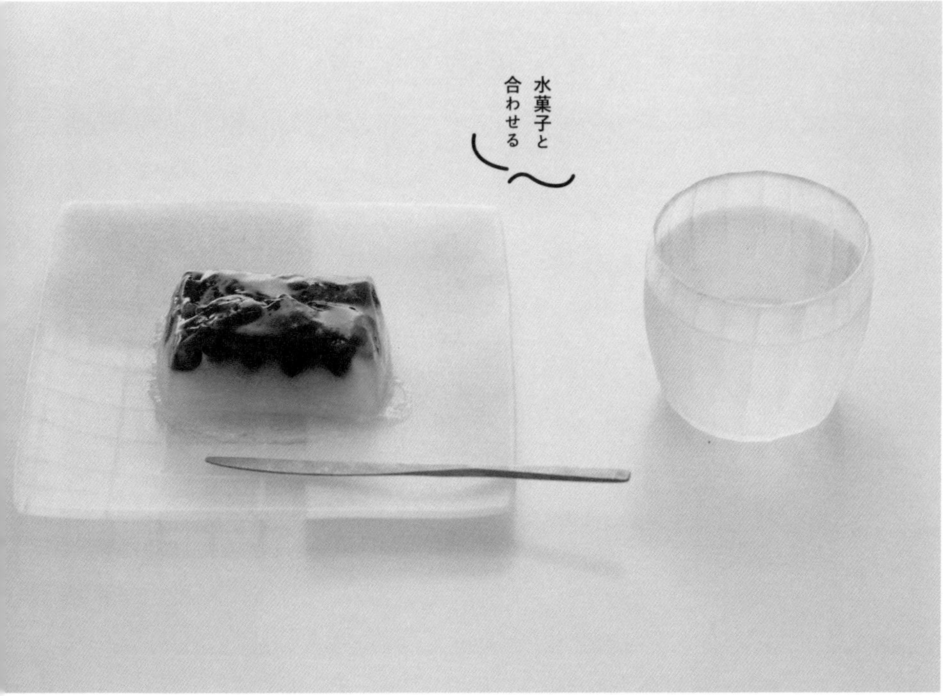

水菓子と合わせる

洋菓子はもちろん、はかなさを感じるような繊細な和菓子もガラスのうつわに映えます。やや厚みのあるガラスであれば、季節を限定せずに使えます。

Tips 4 自然界の色をイメージして組み合わせる

釉薬の色と季節・食材を合わせる

織部に代表される緑釉のうつわは、銀杏、マツタケ、サンマなど、秋の実りによく合います。日本古来の釉薬には伝統があり、食材への感謝の気持ちを込めることもできるからでしょう。秋の花の菊から連想して、菊花型の皿に焼いたキノコを盛り付け、全体を秋らしくコーディネート。

青い海をイメージして

青い瑠璃釉のうつわには、青魚の刺身を盛り付け、海を想像させる組み合わせに。美しい青魚の脂の色と瑠璃の青とが呼応し合って、すっきりとまとまります。皿は、盛り付ける前に冷凍庫などで冷やしておくと、刺身のおいしさが倍増します。

Tips 5 柄物同士を組み合わせる場合は料理をシンプルにする

色味の多いうつわに、色味の多い料理を盛ると、どちらが主役かわからなくなってしまいます。色味の多い柄物のうつわを使うなら、料理を単色にしてみましょう。青菜炒めも、青菜以外の食材は一切入れずに緑一色にするなど潔く。そうすれば、料理とうつわがけんかせず、どちらも引き立ちます。

統一の色を選ぶ

陶器と磁器、絵柄もバラバラ、といううつわを並べても、そこに共通する一色があると、リンクし合ってまとまりが生まれます。その場合、リンクさせるのは一番目立つ色ではなく、二番手、三番手になっている色を選ぶと、コーディネートがうまくいきます。今回は青や緑ではなく、黄土色で統一感を出しました。

メインにしたいうつわが柄物の場合、ほかのうつわは、色や柄のトーンを合わせ、形はシンプルにするか、色だけを合わせて形は個性的なものにすると上手にまとまります。

Column 2

うつわの写真を上手に撮る方法

自然光を利用して撮る

自然光とは、太陽や月の光のことをいいます。写真を撮るのに必要なのは、自然光の中でも太陽の光です。太陽の光を利用することで、プロカメラマンが使うような大掛かりな照明機材がなくても、自然な色合いの素敵な写真を撮ることができます。

自然光を使った撮影のポイント

1 窓際で撮影する

室内で自然光を利用する場合は、光が差し込む窓の近くで写真を撮ります。できるだけ光が多く入る場所を選ぶようにしましょう。なお、雨空で全く太陽が出ていない場合を除き、多少のくもり空でも自然光での撮影は可能です。

2 直射日光が強いときはカーテンをする

自然光で写真がきれいに撮れるといっても、光が強すぎると逆効果になることがあります。それは強すぎる光が、写真に必要のない影をつくってしまうから。そのようなときは、光を通す素材のカーテンや布などを窓に付けましょう。光が柔らかく拡散されることで、影も強くなりすぎません。

3 室内の電気は消す

電球や蛍光灯、LEDなどの光が悪いわけではありません。プロのカメラマンも照明を使って撮影します。ただ、電球などの光の調整は、初心者には少し難しいものです。自然光を使って写真を撮るときには、消しておいたほうが自然な色合いの写真を撮ることができます。

新しいうつわを買ったり、お気に入りのうつわに料理を盛り付けたりしたときは、
思い出として、うつわの写真を撮っておくのも楽しみのひとつです。
カメラでもスマートフォンでも、光や構図を意識して撮影すると、
初心者でも、雰囲気のある素敵な写真を撮影できます。

うつわに合わせた構図選び

一口にうつわといっても、皿や丼など形も高さもさまざまです。そんなうつわの写真ですから、どの角度から撮るのが一番よいということは決められません。メインで見せたいうつわの特徴に合わせ、背景が切れないように置く位置を気を付けるなどして構図を決めるようにするといいでしょう。

構図を考えるときのポイント

1 皿の形や柄を見せるなら真上から撮る

平皿や豆皿など、皿の形や柄を強調して撮りたいときは、真上からの俯瞰で撮るといいでしょう。皿の形は丸だけでなくさまざまなので、真上から俯瞰で撮影することで、形がはっきりと写真に写ります。描かれた柄も側面から撮ると見えづらくなりますが、真上から撮ることで全体を写せます。

2 高さのあるうつわは斜めや真横から撮る

鉢や丼などの高さのあるうつわは、真上から撮ると側面がどのようになっているかを写真に残せません。この場合は、角度を真上から少し下げて斜めや真横から撮るようにします。斜めや真横から撮る場合は、背景にテーブル以外のものが映り込みやすいため、注意しましょう。

3 テーブルの手前にうつわを置く

斜め上の角度から写真を撮るときには、背景のテーブルが切れてしまうことがあります。そこで、うつわの置く位置をテーブルの手前にするようにします。そうすることで、背景となるテーブルが切れずに撮影することができます。

3

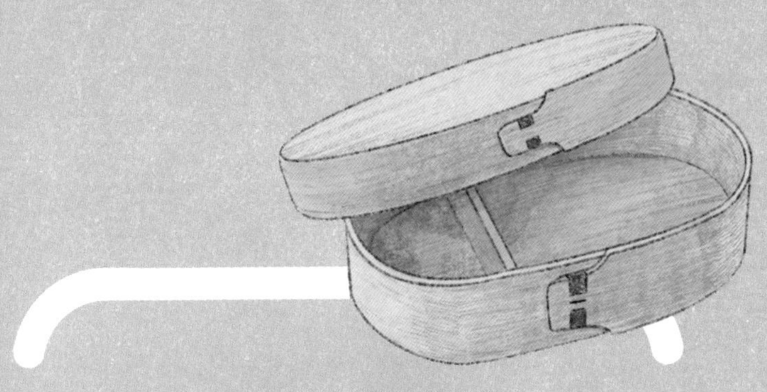

技法もさまざまなうつわのつくり方

うつわの素材には、土・木・ガラスと
さまざまなものが使われますが、どうやって
うつわができるのかは意外と知らないもの。
素材によって、うつわのつくり方や
装飾の技法の種類はたくさんあります。
華やかなものから素朴なものまで、
うつわを彩る技法のことがわかれば、
普段のうつわ探しももっと楽しくなるでしょう。

色も形も無限大！

やきもののうつわができるまで

うつわの代表格といえるのが“やきもの”です。色も形も質感も千差万別。いったいどうやってつくられているのか、詳しくは知らない人も多いのではないでしょうか。まずはやきものがつくられる工程を紹介します。陶器と磁器によって多少の違いはあるものの、一般的には、土をこねて、成形し、高温で焼くのが基本。さらに、それぞれの工程ごとに施す装飾があり、つくり手それぞれのこだわりが込められ、個性豊かなうつわが生み出されていきます。

1 土づくり

土には「赤土」「白土」などの種類があり、それがうつわの特徴にもなるので、土づくりは重要なプロセスです。まず原土を採取して乾燥させ、不純物を取り除いたら粉砕します。水に浸して数日放置したらよく攪拌し、これを濾して寝かせ、水分を適度に抜いて粘土にします。

▶ P126

土づくりの工程で
行われる土練りは、
粘土の硬さを
均一にする大事な作業。
「荒練り」と「菊練り」と
呼ばれる練りの技法を使い
丹念に練っていきます

2 成形

つくりたいうつわによって成形方法はいろいろ。手で少しずつ形をつくっていく「手びねり成形」、ろくろで粘土を引き上げていく「ろくろ成形」、板状の粘土（たたら）を切ったりつなげたりしてつくる「たたら成形」、石こう鋳型に泥漿を流し込む「鋳込成形」などがあります。

▶ P128

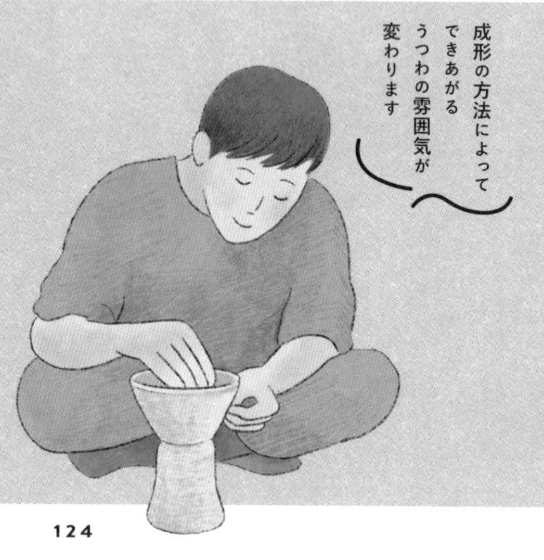

3 素地の加工・装飾

やきものは、成形後、比較的粘土が柔らかいうちや半乾燥の段階で、素地に直接加工を施して変化を演出できます。代表的な方法は「練込」「しのぎ」「面取り」など。また、半乾燥した素地に化粧土を使って行う装飾(化粧土装飾)も人気です。「粉引」「刷毛目」「イッチン描き」「飛び鉋」などがあります。

▶ P130、132

4 素焼き

成形したら数日かけてしっかりと乾燥させ水分を抜き、その後、700〜800度で10時間ほど素焼きにします。こうすると吸水性が上がり、絵付け・施釉がしやすくなります。急激な温度上昇は危険なので、最初は100度ぐらいからはじめて、徐々に温度を上げていきます。

5 下絵付

素焼きした素地に釉薬をかける前に、直接絵付けを行うことを「下絵付」といいます。代表的な手法に、白とコバルトブルーのコントラストが鮮やかな「染付」、鉄の成分を含んだ絵具が茶褐色や黒に変色する「鉄絵」があります。

▶ P140

6 施釉

釉薬とは、うつわの表面にかける薬品のこと。うつわに強度や光沢を与え、水漏れなどを防ぐほか、化学反応によって独特の色を生み出します。うつわ全体を釉薬に浸け込む「浸し掛け」のほか、ひしゃくでの「流し掛け」や霧吹きなどでの「吹き掛け」によって、釉薬による装飾を楽しむことができます。

▶ P134、136、138

7 本焼き

窯の中を1250度前後にまで上げて、時間をかけてじっくり焼き上げるのが本焼き。酸素の多い状態で燃焼させる「酸化焼成」、一酸化炭素の濃度を多い状態にして燃焼させる「還元焼成」、うつわ全体がグレーっぽい色になる「炭化焼成」などがあります。同じ釉薬を使っていても、焼成方法によって発色に違いが出るのがおもしろいところです。

▶ P139

マメ知識

本焼きの窯は大きく分けて、江戸時代以降に導入された連房式登窯、傾斜地を利用したトンネル状の穴窯、ガスを燃料とするガス窯、炎を使わない電気窯の4種類があります。窯によって焼き上がりには変化が現れ、それもやきもののおもしろさのひとつといえます。

*現在はガス窯と電気窯が主流です。

8 上絵付

本焼きをしたあとに上絵具で絵付けをして、再度低温で焼き付ける装飾方法を上絵付といいます。代表的なものが「色絵」で、和絵具を使うものや洋絵具を使うものもあり、華やかな色彩が特徴。金彩や銀彩を焼き付ける「金彩・銀彩」も上絵の一種です。

▶ P140

土の種類とうつわ

白土　期待通りに焼ける、扱いやすい土

鉄分をあまり含まない土で、焼成前はグレーっぽい色味をしていますが、焼き上がると白っぽくなるのが特徴です。扱いやすい土で、成形方法も選びません。白地なので釉薬の色が出やすく、絵付けを施したときも色彩が鮮やかに出ます。

赤土　多彩な赤を楽しむなら赤土

赤土には鉄分が含まれているため、焼き上がると赤みを帯びた色合いになります。酸化焼成によって本焼きをするとレンガのような色合いになり、還元焼成で焼くと土本来の黒っぽい赤が出ます。また、白化粧土を施してから焼くと、優しい雰囲気に仕上がります。

黒土　モダンなうつわがつくれる

ベースに白土を使い、コバルトやルチールなど黒い顔料を混ぜてつくります。焼き上がると、灰色がかった黒になり、モダンなうつわをつくるのにぴったり。ややコシが弱いものの可塑性があり、変わった形のうつわづくりに使われます。

やきものをつくる土はうつわの質感や強度に影響し、粒子の粗いもの、細かいもの、色味の薄いもの、濃いものなど種類もさまざま。ここでは6種類の土について紹介します。

磁器土　透明感のある磁器土

磁器をつくるときに使われるのが磁器土。ケイ酸分の多い陶石を粉砕してつくられるため、透明感のある白いうつわが焼き上がります。粒子が大変細かく、素地の内部に孔(あな)はなく堅牢ですが、その分、成形するには技術が必要です。耐熱温度が高く、高温で焼き締めてつくります。

半磁土　陶器と磁器の特性を持つ土

陶土である白土と磁器土を混ぜ合わせた粘土で、陶土の柔軟性と磁器土の丈夫さを兼ね備えています。焼き上がりは磁器土ほどの白さや透明感はありませんが、扱いやすいため、成形や装飾でいろいろと楽しめます。半磁土でつくったうつわは陶器よりも強度が強く、電子レンジにも使えます。

鍋土　土鍋をつくる専用粘土

土鍋は直火にかける機会が多いため、耐熱性を高めるペタライトという鉱物を混ぜてつくる鍋土が開発されました。ペタライトが熱膨張を小さく抑えてくれるため、直接火にかけても割れることがなく、使い勝手がいいのが特徴です。

写真提供…泉陶料

雰囲気を左右する成形の技法

手づくりの風合いが楽しめる

手びねり成形

手で土をひねったり、つまんだりしながらうつわをつくる方法。粘土細工の感覚でつくれます。粘土の塊を手ろくろ(手で回転させるろくろ)にのせ、中心をくぼませたり、周囲を薄く延ばしたりして、形を整えていきます。ひも状にした粘土を何本もつくり、それをとぐろのように重ねて形をつくる「ひもづくり」と呼ばれる技法もあります。

整ったフォルムのうつわがつくれる

ろくろ成形

高速回転する電動のろくろに粘土をのせ、遠心力を使って成形していく方法。粘土をよくほぐして全体に水を含ませる土殺しを行ってから、うつわひとつ分の土をろくろにのせて、粘土を筒状に引き上げながら成形していきます。

「陶芸」と聞くと、電動のろくろの上で土をのばし成形していくイメージがあるかと思いますが、ろくろを使わずにうつわの形をつくる技法もあります。やきものの形だけでなく、雰囲気にも大きく影響する成形の技法を見ていきましょう。

平面的なうつわがつくりやすい

たたら成形

板状にした粘土を「たたら」といいます。この、たたらを組み合わせてうつわをつくるのが「たたら成形」。練り込んだ粘土を「たたら板」という道具を用い、均一の厚みの板状にスライスして、鉢や皿などの型に沿わせてうつわの形に成形します。この方法以外にも、板状に切り出したものを複数枚つないで、四角い皿にしたり、立体的に成形したりと、好きな形をつくれます。

独創的な形づくりにもってこい

鋳込成形

石こう型に粘土や水、ケイ酸ソーダを混ぜ合わせた泥状の液体（泥漿）を流し込んでうつわをつくる方法です。型をつくる手間がありますが、自由度が高く、ろくろ成形などでは難しい形の成形に向いています。分解された鋳込用の石こう型を合体させてゴムバンドなどで固定したら、準備した泥漿を流し込みます。素地が乾燥して固まり、適当な厚みになったら、余分な泥漿を排出しさらに乾かします。その後、型から外して乾燥させます。

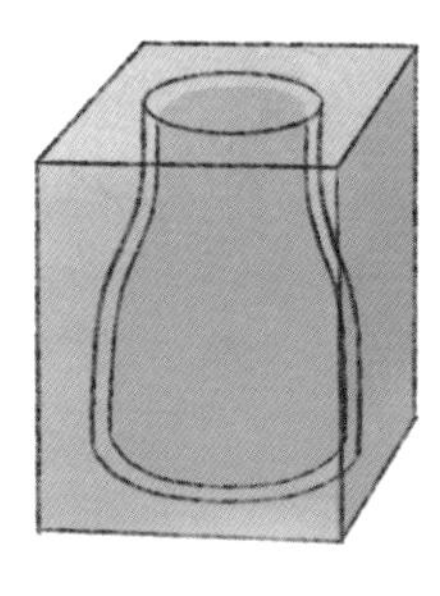

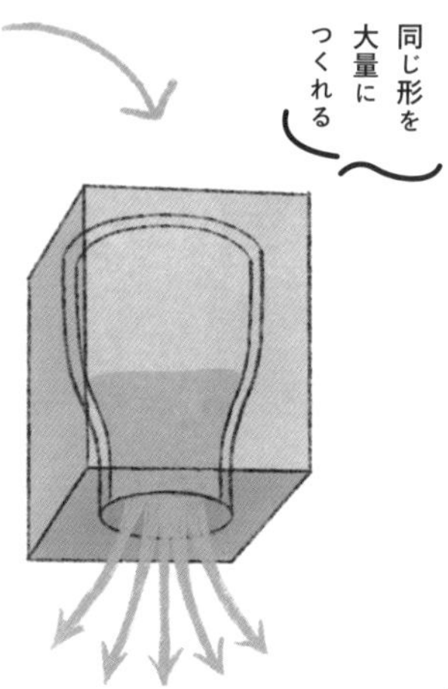

成形時に施す装飾の技法

さまざまな色柄がつくれる

練込（ねりこみ）

2種類以上の色の異なる粘土を混ぜたり貼り合わせたりしながら模様を生み出す技法。その歴史は古く、誕生したのは古代エジプトともいわれています。色粘土の組み合わせ次第で市松、青海波といった伝統模様のほか、マーブル、チェック、動物なども描けます。表と裏に同じ模様が出るのも練込ならではの楽しさ。

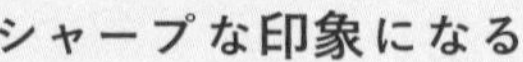

シャープな印象になる

面取（めんと）り

うつわの表面を叩いたり、専用の道具で粘土をそぎ落としたりして平面をつくることを「面取り」といいます。表面をそぎ落とすので、やや厚めに成形しておくのがポイント。上から下までを縦方向に面取りするほか、作品の一部だけを面取りしたり、横方向に面取りしたりすることで独特のフォルムをつくることもできます。ろくろ成形でつくる円筒状のうつわに用いられる技法です。

稜線模様が美しい

しのぎ

しのぎとは、カキベラなどを使って、うつわの表面に稜線（りょうせん）文様を出す技法。稜線とは山の山頂部のことです。しのぎは「鎬」と書き、日本刀の刃と峰の間にある高くなった部分をいいます。いくつも入ったしのぎがうつわに立体感を与え、また、稜線に釉薬が溜まることで味わい深い表情になります。

やきものの成形時や成形直後は粘土が柔らかいため、
装飾模様を施すことができます。色の異なる粘土を貼り合わせて模様をつくったり、
道具を使ってうつわの表面の土を削ったりします。

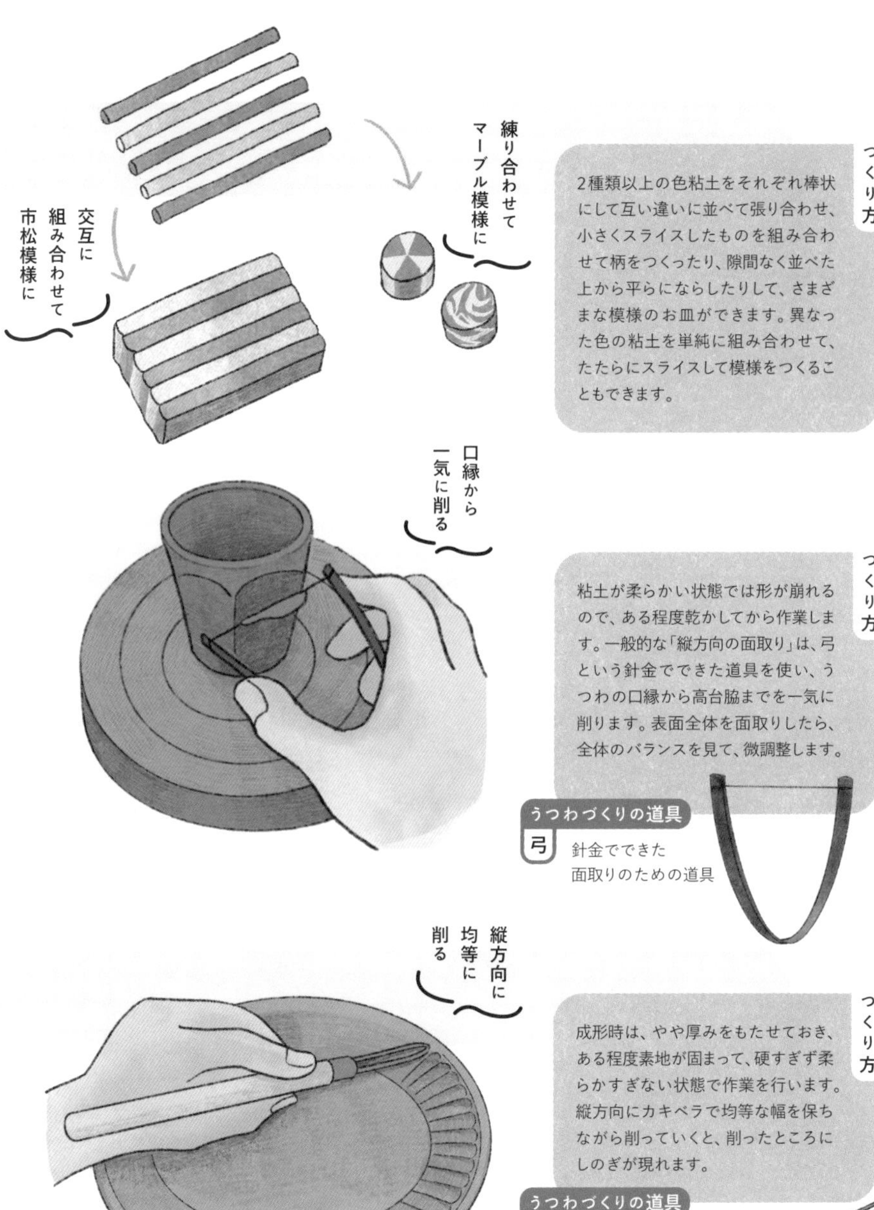

つくり方

2種類以上の色粘土をそれぞれ棒状にして互い違いに並べて張り合わせ、小さくスライスしたものを組み合わせて柄をつくったり、隙間なく並べた上から平らにならしたりして、さまざまな模様のお皿ができます。異なった色の粘土を単純に組み合わせて、たたらにスライスして模様をつくることもできます。

つくり方

粘土が柔らかい状態では形が崩れるので、ある程度乾かしてから作業します。一般的な「縦方向の面取り」は、弓という針金でできた道具を使い、うつわの口縁から高台脇までを一気に削ります。表面全体を面取りしたら、全体のバランスを見て、微調整します。

うつわづくりの道具

弓　針金でできた面取りのための道具

つくり方

成形時は、やや厚みをもたせておき、ある程度素地が固まって、硬すぎず柔らかすぎない状態で作業を行います。縦方向にカキベラで均等な幅を保ちながら削っていくと、削ったところにしのぎが現れます。

うつわづくりの道具

カキベラ　彫刻刀のような見た目

多彩な表現ができる素地への装飾

粉引（こひき）

主に赤土などで成形したうつわに、白化粧土を上から総がけしたり、白化粧土の中に浸したりして、まんべんなくかけます。天日でよく水分を飛ばしてから素焼きにすると、真っ白ではなく、素朴なオフホワイトとなり、温かみを感じさせる仕上がりに。色むらも「景色」として味わいます。

刷毛目（はけめ）

刷毛にたっぷり白化粧土を含ませて、うつわに塗っていく技法。全体にまんべんなく塗るほか、上部のみ、下部のみなど部分的に塗ったり、刷毛目のかすれや濃淡をわざと出して模様にしたりすることも。比較的簡単にできるので、陶芸初心者にも人気です。刷毛目を強調する場合は、稲穂や藁を束ねた刷毛を利用することもあります。

布目（ぬのめ）

麻など目の粗い布を素地の上にかぶせて、上から白化粧土を塗り込むことで表面に布のテクスチャーを写し取る技法。細かな布目模様はそのままでも美しいですが、布目を施した上から色絵を描くと、また違った風合いが生まれます。

イッチン描き

イッチンとは、スポイトなど、材料を絞り出すための道具のこと。イッチンに白化粧土や釉薬などを入れてうつわ面に絞り出し、装飾を加える技法をイッチン描きといいます。線が盛り上がることによって立体感のある装飾になります。

象嵌

素地に線紋や花型の印を隙間なく入れ、そのくぼみに化粧土を埋め込み、はみ出した部分を削り取ることで模様を施す技法。三島手とも呼ばれ、細かな線紋が、かつて三島大社が発行していた三島暦に似ていることから、その名がついたといわれています。

スリップウェア

ヨーロッパで古くから行われてきた装飾方法。スリップと呼ばれるクリーム状の化粧土で文様を描きます。描かれる文様はさまざまですが、抽象的なものが多いです。民藝運動の普及とともに、日本にも広がりました。

掻き落とし

素地に化粧土をかけて半乾きになったら、化粧土部分を釘やカキベラなどで掻き落として絵柄や模様を描く技法。掻き落とした部分は素地の土が見え、上にかけた化粧土とのコントラストが際立ちます。素地と化粧土は対照的な色味を使うのがポイント。

飛び鉋

素地に化粧土をかけて半乾きになったら、ろくろで回転させながら鉋と呼ばれる削り道具を押し当てます。すると表面が削られて規則的な削り模様が生まれます。これが飛び鉋で、主に民藝で高く評価されました。

色彩を生み出す釉薬

日本のやきものと釉薬

素地に装飾を施し素焼きをしたら、次は施釉と呼ばれる釉薬をかける作業を行います。釉薬の原料はさまざまなものがありますが、主に灰や石、石灰、金属などを粉末状にした粉です。複数の粉を調合して、表現したい色合いが生まれるようにしています。

日本で最初にこの施釉が行われたといわれているのは平安時代。薪による土器の焼成(焼締)は縄文時代から行われていましたが、古墳時代ごろ、大陸から輸入された陶器を模倣する試みがはじまりました。

このころに、焼成温度がどんどん高温になっていき、燃やした薪の灰が自然と溶けて釉薬になった自然釉(P136)が、釉薬の起源といわれています。平安時代に自然釉を使った焼き物の生産に成功したのが、愛知県にある日本三大古窯の猿投窯(愛知県)です。

その後、施釉技術はいったん衰退しますが、鎌倉・室町時代に中国陶磁を真似た施釉陶器がはやりはじめます。やがて「茶の湯」文化の広まりとともに国産陶器の技術も向上。美濃で瀬戸黒、黄瀬戸、志野など、いわゆる「桃山陶」と呼ばれる施釉陶器がつくられるようになりました。

釉薬の美しさには、多くの武将が魅了され、このころに茶器の名品が数多く焼かれるようになりました

マメ知識 釉薬の役割って？

素焼きをした陶磁器は水を通しやすく、用途が限られる上、うつわの色味も限定的になります。そこで登場するのが釉薬です。

やきものの上に釉薬をかける

↓

高温で焼くと表面に薄いガラスの被膜ができる

↓

耐水性が増す

焼成時に釉薬に含まれる成分と土の成分が反応して、科学変化を起こし、バラエティ豊かな色彩を生み出します

やきものの装飾に欠かせないのが釉薬です。
種類やかけ方によって、さまざまな表情を楽しむことができます。

施釉の方法を見てみよう

1 釉薬のかけ方

うつわ全体を釉薬に浸けるのが「浸け掛け」。高台を指先でつまみ、口縁を上に向けて釉薬内に沈め、中で裏返して引き上げると全体に釉薬をかけることができます。釉掛けばさみを使うなどしてムラができないようにします。専用のひしゃくに釉薬を取ってうつわを回しながら掛ける「ひしゃく掛け」、霧吹きやコンプレッサーを使う「吹き掛け」なども。

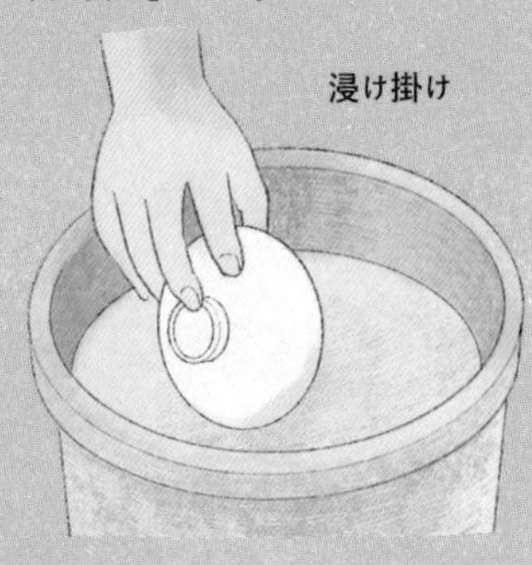
浸け掛け

ひしゃく掛け

2 施釉後の修正と乾燥

施釉後は、高台底面についた釉薬をスポンジできれいに拭き取ります。高台周辺に溜まった釉薬を竹べらなどで削ったり、指痕や釉だれなどを筆で整えたりしますが、あえてそのまま残しておくこともあります。また、施釉後すぐに素地を本焼きすると、ちぢれや剥離の原因にもなるので、しっかり乾燥させてから本焼きします。

3 窯で焼く

いろいろな成分でできた釉薬を施した陶磁器を窯に入れて高温で焼成すると、陶磁器は青、赤、黄、緑などさまざまな色を帯びてきます。どんな色が現れるかはある程度予想できますが、釉薬、窯の種類、焼成方法などが複雑に絡み合い、最終的な色合いは焼いてみないとわかりません。

釉薬による表情を楽しむ

焼締(やきしめ)

やきものの原点ともいえるのが「焼締」。素地に釉薬をかけず、高温で焼き締めてつくります。土味(つちあじ)（土の質感など）と炎から偶然生まれた変化を窯変といい、見所となります。手に取って土の温かみをダイレクトに楽しみましょう。

自然釉(しぜんゆう)

薪を使って焼締を行うと、窯の中で、薪の灰がうつわにかかり、素地に含まれるケイ酸分（ガラス質の素）が反応して釉化する場合があります。これが「自然釉」で、まさに偶然の賜物といえます。焼成時の温度や窯内に置かれた場所によって釉の現れ方が異なるのも、楽しみのひとつです。

灰釉(かいゆう)

自然釉を人工的に調合してつくられたのが「灰釉」です。松、樫、くぬぎなど種々の木の灰や藁灰に、ガラス質の素となる長石などが調合され、焼成方法によって黄色や緑に発色します。最も基本的な釉薬です。

青磁釉(せいじゆう)

青磁は、もとは中国で発達した美しい青が特徴のやきもののこと。青磁に使われる釉薬には、わずかに鉄分が含まれ、還元焼成によって変化して清澄な青緑色に発色します。「青磁」といいますが、素地には磁器も陶器も用いられます。

瑠璃釉(るりゆう)

鮮やかな瑠璃色になる「瑠璃釉」は光沢のある透明釉。そこに呉須(ごす)と呼ばれる酸化コバルトを主成分とした絵具を混ぜて還元焼成することで美しい青になります。呉須は「染付」という下絵付にも使用され、さまざまな青いうつわを彩ります。

黄瀬戸釉

微量の鉄分によって黄褐色に発色する釉薬が「黄瀬戸釉」。16世紀末、美濃で焼かれた黄色いやきものが「黄瀬戸」と呼ばれ、黄瀬戸釉の由来となりました。釉薬の発色や肌合いによって、「油揚手」「ぐい呑手」「菊皿手」などと呼ばれます。

天目釉

「天目釉」とは、黒く発色する鉄を多く含んだ釉薬（鉄釉）を指します。天目釉には鉄分の量によって、茶褐色、漆黒、青、黄色など多様な色があります。お料理をぐっと引き締める「天目釉碗」は、ひとつは持っていたいものです。

織部釉

灰釉などに着色剤として酸化銅を加えた釉薬が「織部釉」で、酸化焼成すると鮮やかな緑色に焼き上がります。名前の由来は桃山時代の茶人、古田織部。彼は独創的な形と鮮やかな緑を特に好んだため、この緑釉が織部釉と呼ばれるようになりました。

志野釉

「志野釉」とは、桃山時代、白いやきものへの憧れから日本ではじめて生まれたといわれる白色釉薬のこと。長石を主成分としており、マットで温かみのある白が特徴です。志野焼は、美濃の白土でつくったうつわに志野釉をかけて焼くうつわで、優しい乳白色が特徴といわれます。

マット釉

「マット釉」とは表面に光沢がなく、不透明な表情をつくる釉薬。近代になって、釉薬を意図的に結晶化させてつくられました。マット釉を施すと、艶のあるうつわとはまた違った大人っぽい雰囲気になります。

炎による表情や風合い 景色を楽しむ

やきものの世界では「景色」という言葉が使われることがあります。景色というと、自然の風景などを思い浮かべる人が多いかもしれませんが、やきものの景色とは釉薬がつくる表情の変化のこと。陶磁器に対して使われており、筆で描かれた絵付け作品や漆器、ガラス作品などには用いられません。

窯の中で炎と土、釉薬が融合して起こる変化を「窯変」といいますが、釉薬の流れや焦げ、灰のかかり方によっても、異なる景色が現れます。

やきものの景色

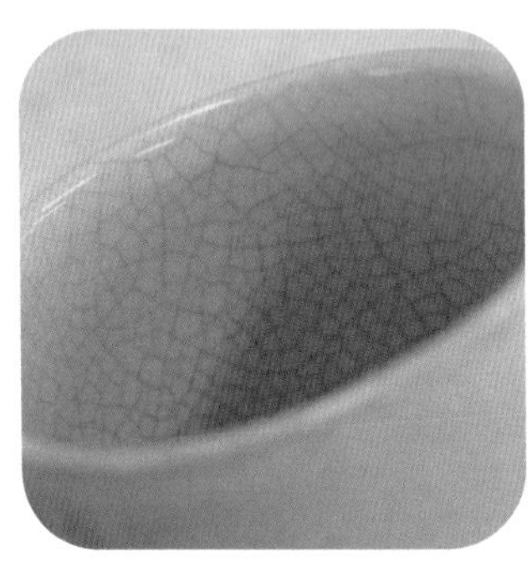

貫入

貫入とは、釉薬の表面にできたひびのこと。うつわを窯から出すと、外気との温度差で素地と釉薬が収縮します。このとき釉薬のほうが大きく縮むため、表面にひびが入るのです。光が当たる角度によって多彩な表情を見せてくれます。

鉄粉

鉄粉は、素地や釉薬に含まれる鉄分が焼成時に酸化することで、褐色や黒い点となってうつわの表面に現れたもの。ほくろと呼ばれることもあります。作家によっては、あえて表情を見せるため、鉄粉が出るようにすることもあります。

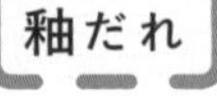

釉だれは、やきものを焼き上げる途中で、釉薬が下へ垂れていった跡のこと。釉薬の種類によって、流れやすいものとそうでないものがあり、出方もさまざまです。うつわの表面に予期しない動きを見せてくれます。

貫入・釉だれ…有限会社萩陶苑
鉄粉…株式会社マルヒロ

釉薬の掛け方による装飾を楽しむ！

釉薬の種類や掛け方によって、うつわの景色は変化します。
それぞれの特徴を知っておくと、うつわ選びがより楽しめます。

流し掛け

ひしゃくなどの容器を使い、釉薬をうつわの内外に流しながら塗ります。釉薬を一度かけるか二度かけるかで、厚みが変わります。大皿や壺、花瓶といった大きなうつわをつくる際に向いている方法です。

吹き掛け

コンプレッサーや霧吹きを使って、釉薬を吹きかけます。吹きかける時間やろくろを回す回数で、釉薬の厚みを調整します。この方法では、好きな範囲のみに釉薬を塗ることができ、マスキングすれば部分的に塗ることも可能です。

浸し掛け

釉薬の容器に直接うつわを浸したり、容器に入った釉薬をうつわの内側に入れたりして塗る方法です。釉薬を均一の厚みで塗ることができます。釉薬の種類によって厚みは異なります。

株式会社マルヒロ

マメ知識　本焼きの窯の種類と特徴

本焼きの窯はさまざまな種類があります。

穴窯は、傾斜地を利用したトンネル状の窯で、4〜5世紀に朝鮮半島から伝わりました。壁に囲まれているため、野焼きよりも熱効率がよく、高温で焼けます。この窯によって、「焼締」が可能になりました。アナログな窯だからこそ表現できる景色があります。

連房式登窯は、江戸時代以降に導入された、朝鮮半島から伝わった窯です。窯の内部はいくつかの部屋に分かれていて、ドーム状の天井をもつ燃焼室が連結しています。熱効率がよく、高火度の薪で大量に焼けるため、仕上がりのばらつきを防ぐことができます。やきもの産業が発達するきっかけにもなりました。

電気窯は、炉内に巡らされた熱線を発熱させて、輻射熱によって温度を上げて焼成する窯です。100Vと200Vのタイプがあり、100Vであれば家庭のコンセントにつないでの使用も可能です。炎を使わないため安全で、音やにおいもなく、初心者でも気軽に操作できます。

うつわが華やかになる絵付け

下絵付　繊細な濃淡と柔らかな艶

下絵付とは、うつわを素焼きしたあと、釉薬をかける前の素地に文様を描き、透明の釉薬をかけて高温で焼き上げたもの。1200度くらいの高温に耐えられる顔料を用い、さらに施釉や焼成によって色の変化が生まれるのが特徴です。下絵付で使われる顔料に含まれるのはコバルト、鉄、銅など。それぞれの顔料は青、茶、赤などに発色し、染付（そめつけ）、鉄絵（てつえ）、鉄砂（てっさ）、辰砂（しんしゃ）などと呼ばれます。最近はカラフルな陶芸用下絵具もありますが、発色の調整はなかなか難しいものです。

釉薬の下に装飾を施すことを総称して「釉下彩（ゆうかさい）」と呼び、広い意味で下絵付も含まれています。釉下彩には下絵のほか、素地とは異なる土を嵌め込んで焼き上げる「象嵌（ぞうがん）」や、素地に化粧土を塗り刷毛などで模様を施し透明釉をかけて焼き上げる「刷毛目（はけめ）」などを含むことがあります。

透明な釉薬の下に施された装飾は、はっきりと発色する上絵付とは異なり、柔らかで艶やかな雰囲気に仕上がることが特徴です。また、高温で焼き付けているため、文様は半永久的に消えることがありません。

上絵付　和洋の絵具でカラフルに

上絵付とは、釉薬をかけて一度焼成したうつわに文様を描き、再び焼き上げ、色彩豊かな色絵や金銀彩が施されたもののこと。ここで用いられる絵具の多くは高温下では溶け出してしまう性質のため、上絵付の二度目の焼成は600〜800度と低火度で行われます。

上絵付で使われる絵具は種類が多く、カラフルで多彩な文様を施すことができます。上絵付は「釉上彩（ゆうじょうさい）」とも呼ばれ、釉薬の上に装飾を施していることを表しています。上絵付による色絵のことを、日本では赤絵（あかえ）や錦手（にしきで）、中国では五彩（ごさい）や粉彩（ふんさい）と呼ぶなどの違いもあります。

日本における上絵付のはじまりは江戸時代の有田焼といわれており、その後は金彩を多用した華やかな薩摩焼、野々村仁清によって色絵を成功させた京焼、のちに九谷焼へと広がっていきました。今でも産地では伝統的な文様から、ユニークな文様やアニメのキャラクターを描いたものまで、さまざまな上絵付のうつわが作られています。

やきものの表面には、花や草、鳥や動物など多彩な文様が描かれ、華やかにうつわを彩ります。このうつわを華やかにする「絵付け」は、主に「下絵付」と「上絵付」と呼ばれる方法があります。

下絵付の技法

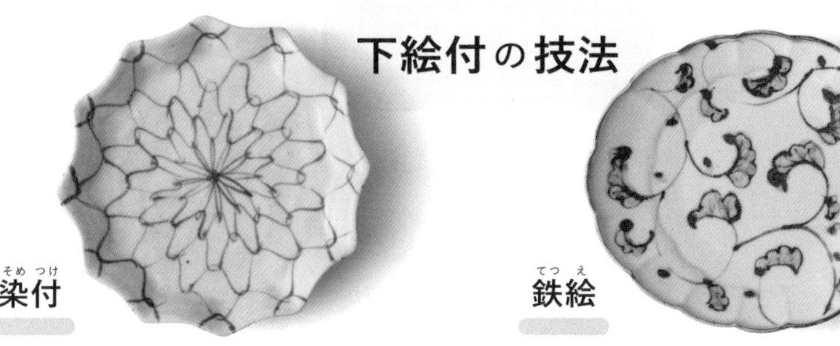

染付

白地とコバルトブルーのコントラストが美しい染付は中国ではじまったといわれます。素焼きした素地に、呉須と呼ばれる酸化コバルトを含む絵具で絵付けをし、透明釉をかけて還元焼成すると、鮮やかなブルーが現れます。

鉄絵

素焼きした素地に、ベンガラや鬼板と呼ばれる鉄分を多く含んだ絵具で絵付けをし、透明釉や灰釉、長石釉をかけて本焼きすると、絵の部分が茶褐色や黒に発色します。華やかさはありませんが、わびた雰囲気が戦国期の茶人などに愛され、受け継がれてきました。

上絵付の技法

染錦

下絵である染付をうつわに施して、施釉・本焼きをして鮮やかなブルーが出たら、その上からカラフルな上絵を施したものが染錦です。二段階の絵付をすることで、下絵、上絵それぞれの色彩美が楽しめ、絢爛豪華なうつわが誕生します。

色絵

上絵の代表的な手法が色絵です。近世までは上絵具は赤、青、黄、緑、紫などに限られていました。赤が主体のものは特に「赤絵」と呼ばれます。現在は中間色も含め多彩な絵具が使われ、伝統的な図柄からモダンなイラストまで、さまざまなものが描かれています。

金彩・銀彩

金箔や金泥などを使ってやきものに模様を施す手法で、上絵の一種です。日本では江戸時代に有田ではじめてつくられたとされています。金液で模様を描いたり、金箔を貼って焼き付けたりと、方法はいろいろ。時間が経つと銀彩は徐々にくすんでいきますが、それも味わいとして楽しみます。

彫ったり曲げたり

木のうつわができるまで

自然な木目と優しい手触りが特徴の木のうつわは、ナチュラルな食卓づくりに欠かせないアイテム。ほかの素材に比べて熱が伝わりにくく、重量も軽いので、熱い汁物を入れるのにぴったりです。「レンジには入れない」「濡れたらすぐ乾燥させる」など、使う上で注意点はありますが、気軽に日常使いに取り入れたい素材です。そんな木のうつわは、木の塊をノミなどで彫ったり、木工ろくろを使って削ったり、板を湾曲させたりしてつくられます。

うつわに使われる木の種類

木材は大きく分けて針葉樹と広葉樹に分けられます。
寒冷地に多いのが針葉樹。代表的なものはスギやヒノキで、
木肌が滑らかで爽やかな香りが特徴です。広葉樹は温暖地に多く、密度が高く硬いのが特徴。
代表的なものにケヤキやサクラがあります。

針葉樹

スギ

柔らかくて弾力がある日本を代表する木材。秋田杉などが有名。フィトンチッドという物質を多く含むため抗菌性、防虫性が高く、曲げわっぱの材料にも使われます。

ヒノキ

光沢と緻密な木目、芳香などが特徴。耐久性、加工性に優れ、うつわはもちろん建材としても愛用されています。

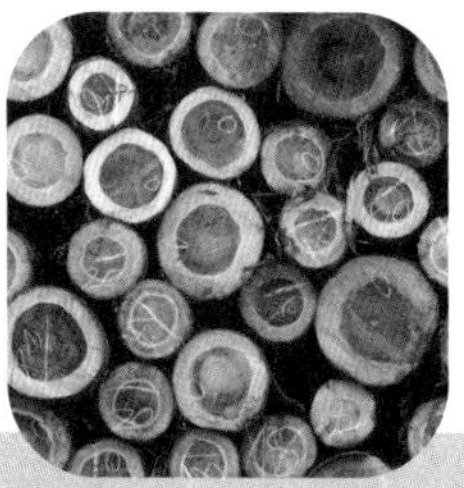

広葉樹

ケヤキ

国産広葉樹の代表格。堅くて強度のある木材で、水にも強く、古くから建材として使われてきた種類です。木目が美しく、漆器の木地としても使われています。

サクラ

木材となるのは「ヤマザクラ」。やや硬めで粘りがあり耐久性に優れています。目が詰まっているため、磨くと艶が出ます。カトラリーなどによく使われています。

クリ

加工しやすく、耐水性、耐久性があります。木目は荒く重厚な印象の木材で、色目は淡いクリーム色をしています。線路の枕木などに使われています。

イタヤカエデ

白っぽく赤みがかった木肌は滑らかで、強度のある木材。波のような木目がめずらしがられ、おもしろい模様が出ると高価な値がつくケースもあります。

技法
1

手で彫ってつくる刳物

木工用の道具（彫刻刀やノミ）を使って、木材を彫ったり削ったりしてつくる技法です。
手作業のため、少しいびつだったり、彫り跡がわざと残っていたりと、
つくり手次第で味わい深いものになります。

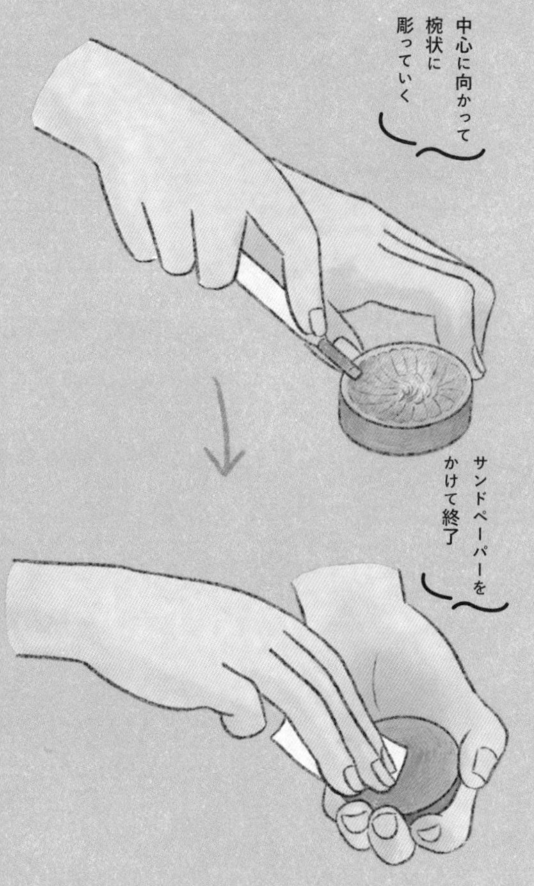

1 皿の形に切り出す

厚さ15mm程度の木材を用意し、のこぎりなどを使って皿の形に木材を切り出します。

2 板材を彫る

板材の表側の縁から1mmほど内側に線を描いたら、この部分を残して内側を彫刻刀で椀状に彫ります。

3 皿の外側を削る

内側を彫り終えたら裏返して皿の外側も削り、形を整えます。

4 仕上げ

全体にサンドペーパーをかけて均一な質感にします。

豆皿ぐらいの
サイズは
初心者でも
つくりやすいです

技法
2

木工ろくろを使ってつくる挽物

挽物は、木工ろくろという機械を使う技法です。木材を機械に固定し回転させ、そこに刃物を当てて削っていきます。機械ならではの、均整の取れた美しい仕上がりが特徴。素早く大量につくれるのも魅力のひとつです。

1 木材をおおまかに切り出す

使用する木材を、電動のこぎりなどでうつわの形におおまかに切り出します。

2 ろくろに木材をセットして底をつくる

平面部分が回転軸に対して垂直になるよう刃物を構え、きわから中心にかけて削って、底の平面をつくっていきます。

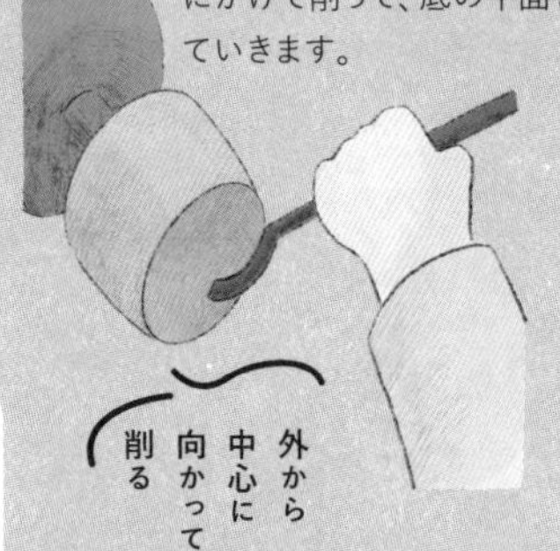

底の次は外側を削る

3 外形を削って形をつくる

底ができたら、外形（外側）を削ります。底に向かうように少しずつ削っていき、角が出たら削り落としながら進めて、全体に丸みを出していきます。終わったらサンドペーパーをかけます。

4 内形を削ってうつわの形にする

外側を削ったら、次に内形（内側）を削ります。**3**の木材を裏返して固定し、**3**とは逆に刃物を外側から中心に向けて動かして削っていきます。こちらも、終わったらサンドペーパーをかけます。

技法 3

曲げてつくる曲げ物

木材に特殊な加工をして柔らかくし、湾曲させ、底を付けてうつわにする「曲げわっぱ」に代表される技法です。古くから全国各地でつくられており、地域によって「曲物（まげもの）」「メンバ」「わっぱ」など呼び名もいろいろあります。

1 部材の切り出し

大館（おおだて）曲げわっぱで使うのは秋田杉です。乾燥させた丸太を加工しやすいようにカットしていきます。このとき、樹心に平行してまっすぐな木目（柾目（まさめ））が出た板材になるようにします。

2 はぎ取り

わっぱとなる板材を曲げたときに重なる両端が同じ厚みになるよう、重なる部分の木材を薄く削ります。これを「はぎ取り」といい、最も熟練の技が必要な工程です。

拡大

木が重なる先端部分を薄くする

3 煮沸

はぎ取りをした板を一晩水に浸け、その後、熱湯で煮沸します。これをすることで板が柔らかくなり、加工できるようになります。煮沸時間は15分程度です。

おもりをのせて板を沈める

秋田県大館市でつくられる「大館曲げわっぱ」のつくり方を紹介します

4 曲げ加工

柔らかくなった板を「コロ」という丸太に巻き付けて曲げます。型に沿わせて丸く形を整えたら、木バサミで合わせ目をとめて、しっかりと固定します。

型に合わせてしっかり固定

5 乾燥

曲げた板を7～10日ほどかけてしっかりと乾燥させて、曲げを定着させます。

6 接着・桜皮とじ

乾いた板に接着剤を塗り、再び木バサミで固定します。乾燥後、継ぎ目部分に穴を開けて、桜の木の皮を通して綴じていきます。

7 底入れ

底板に接着剤を塗り、曲げた板の底にはめてトンカチなどで軽く叩いてはめ込みます。

完成！

まっすぐな木目が美しく、弾力に富んだ曲げわっぱが完成します。杉が湿度を調整するため、入れたご飯がおいしく保たれます！

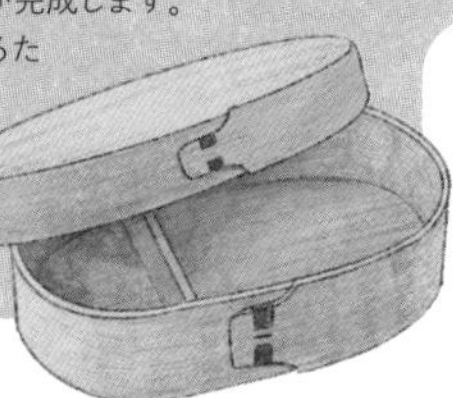

普段のお手入れも楽になる

木のうつわの仕上げ方法

木のうつわは、仕上げに何も施さない「無塗装」の状態でも使うことができます。無塗装のものは、木が持っている本来の風合いを楽しむことができる一方で、水分が染み込みやすく、カビが生えるなど、お手入れに気を使います。そのため、木のうつわには、仕上げにさまざまな塗料を塗り、耐久性を上げる場合が多くなっています。

食器に使用できる塗料には、植物性自然オイル、ウレタン系樹脂塗料、ガラス塗料、漆などがあり、塗ることで表面が艶やかになるなど、木のうつわに新たな風合いを与えてくれます。見た目には大きく変わりませんが、知っておくと手入れもしやすくなるでしょう。

一般的な仕上げの違い

	植物性自然オイル	ウレタン系樹脂塗料	ガラス塗料
特徴	特にアマニオイル、えごまオイル、クルミオイルなど「乾性油」がうつわの保護に適している。乾くのが早く、木に染み込んで表面をしっとりとさせる。	木の保護性が高く、うつわ全体を覆うことで水分の染み込みを防ぎ、色やにおい移りもブロック。お手入れが簡単になるため、市販の木製うつわの多くには、この塗装が施されている。	ガラスの主原料であるシリカを使った塗料を木に染み込ませ、木材を強くして汚れや傷が付きにくくする。汚れを防ぎ、耐水性を強化する効果がある。透湿性や透気性があるため、木の香りも楽しめる。
注意点	サラダオイルやオリーブオイルなどの「不乾性油」は、塗装に向かない。使っているうちに油分が失われるため、塗り直すなどのメンテナンスが必要。	自分で塗り直しを行うのは難しいので、水に長時間浸けておかないといった、基本的な使い方に気を配る。	木の吸湿性を保ったままなので、吸い込んだ水分を蒸発させることができる。耐水性はあるが完全防水ではない。

マメ知識　木のうつわの特性

軽くて丈夫

木のうつわは、陶磁器やガラスなどに比べて軽く、落としても簡単に割れるものではなく丈夫です。

断熱効果・保温効果がある

木のうつわには、断熱効果と保温効果があります。木は隙間がたくさん空いている構造のため、熱の伝導性が低いのです。そのため、木のうつわは熱いものを入れても冷めにくく、さらにうつわも熱くなりにくくなっています。

温かみを感じる

木そのものが持つ温かみを感じることができます。木にはリラックス効果があるとされていますから、使うたびに自然の温かさを感じられます。また、同じ木でも使用する部分によって木目や色合いが違い、全く同じものはない、という点も魅力です。

漆仕上げ

日本で古くから使われてきた塗料として、多くの人が思いつくのが“漆”でしょう。
漆の木の樹液を原料とした天然塗料で、独特な光沢があり、耐久性にも優れています。
基本的な漆塗りは、「塗る→研ぐ」を繰り返して何度も重ね塗りし、丈夫な漆器に仕上げています。

塗る → 研ぐ

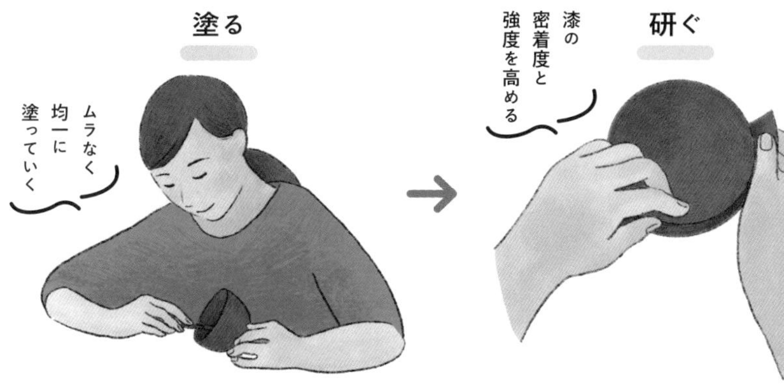

刷毛に生漆をなじませ、少量ずつ塗っていき、よく乾燥させます。

乾燥したら、漆をサンドペーパーなどで研いで、重ね塗りをします。

美しく繊細なうつわ

ガラスのうつわができるまで

透明感で涼しさを演出したり、カラフルに食卓を彩ったりと、さまざまな場面で大活躍するガラス製品。誕生したのは、なんと紀元前5000年ごろの西アジアだといわれています。

現在、一般に多く出まわっているのがソーダガラスで、主な原料はケイ砂、ソーダ灰、石灰石(せっかいせき)。これらをよく混ぜて高い温度で溶かし、どろどろの状態にして、吹きガラスやキルンキャストなどさまざまな技法を施すことで、美しいガラス製品が生み出されます。

ガラスのうつわの材料

ケイ砂

二酸化ケイ素を含む鉱物である「石英(せきえい)」を砕いた砂。公園の砂場にも含まれていて、石英自体は無色。不純物が混ざっていると色が付いている場合もあります。

ソーダ灰

塩からつくった無水炭酸ナトリウム。もともとは草木を燃やした灰を使っていました。石けんや洗剤の原料にも使われています。

石灰石

主に「方解石(ほうかいせき)」という炭酸カルシウムを含む鉱物からできている石灰岩から採取します。チョークにも使われる鉱物です。

ソーダガラスのつくり方

主な原料のケイ砂にソーダ灰と石灰石を入れてよく混ぜ、高温でどろどろに溶かし、それを冷やし固めたものがガラスになります。ガラス製品をつくるときは、強度を増したり、色を付けたりするための材料を加えて製作します。

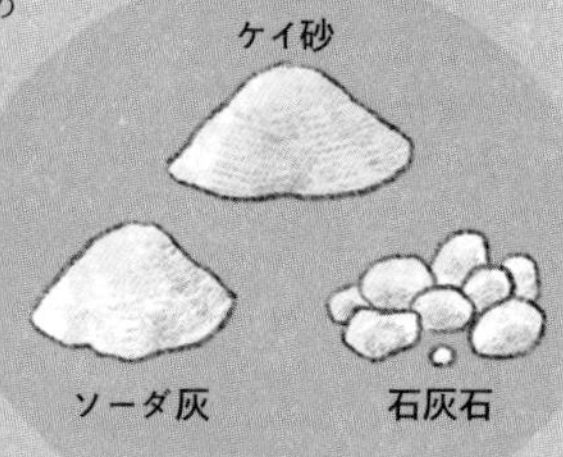

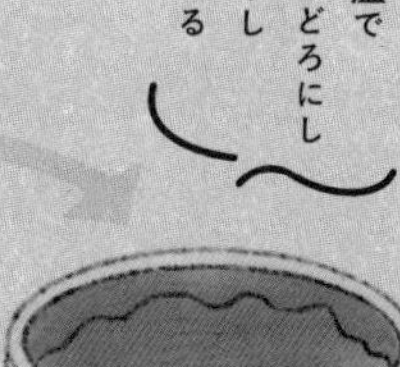

マメ知識

ガラスのうつわの特性

透明感・重厚感がある

ガラスのうつわは透明感があり、食材ひとつひとつを際立たせてくれます。さまざまな料理とも好相性です。

みずみずしさや涼しさなどを食卓に添えることができる

涼しげなイメージを与えることができるので、そうめんやデザートなどと相性が良いです。冷製パスタ、カルパッチョやマリネなどの冷菜はよりフレッシュに映ります。

色やにおいがうつわに移らない

色移りやにおい移りに強く、塩分や酸の影響を受けにくいので、さまざまな料理で使えます。

技法
1
吹きガラス

ガラスの成形技法として、よく工房などで見かける「吹きガラス」。
高温で溶けたガラスを竿に取り、息を吹き込んで形にしていきます。
型を使わず成形する技法を「宙吹き（ちゅうぶ）」といいます。

1 ガラスを溶かす

窯の中を1000度以上に熱して固形のガラス素材を溶かし、どろどろの状態にします。

2 竿に巻き付けて息を吹き込む

窯に吹き竿という金属製の棒を入れて、竿の先にガラスを巻き付けて取り出します。巻き取ったガラスを作業ベンチの上で軽く形を整えたら、竿の反対側から息を吹き込んでガラスを膨らませます。
竿は、常に回しながら成形していきます。

3 底をつくる

ある程度形ができてきたら、竿に巻き付いた状態のガラスの底を平らになるようにして、作品の底部分をつくっていきます。

4 ポンテ竿に付けかえる

底の部分に穴の開いていない別の竿（ポンテ竿）を付けて移し、もとの吹き竿から切り離します。

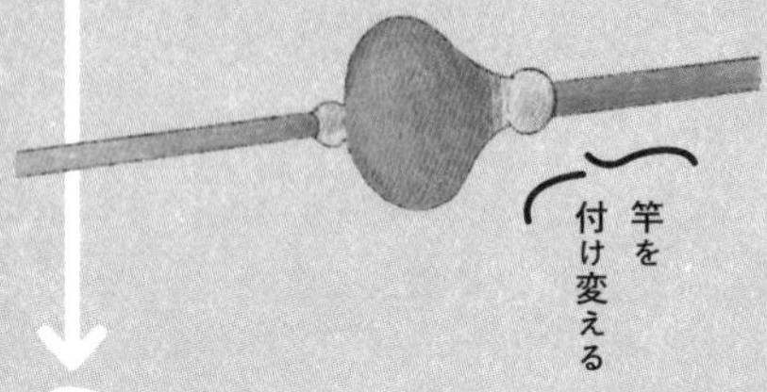

5 皿の形に成形する

切り離したことで吹き竿とつながっていた部分に穴が空くので、その穴を少しずつ広げていきます。ある程度広がったら再び窯で温め、竿の回転による遠心力でガラスを広げて形を整えます。完成したら徐冷庫に入れるなどしてゆっくり冷まします。

技法 2

キルンワーク（パート・ド・ヴェール）

ガラスを電気炉（キルン）で加熱し、癒着させて作品をつくる技法を「キルンワーク」といいます。溶けたガラスが混ざり、きれいなグラデーションや模様を描きます。

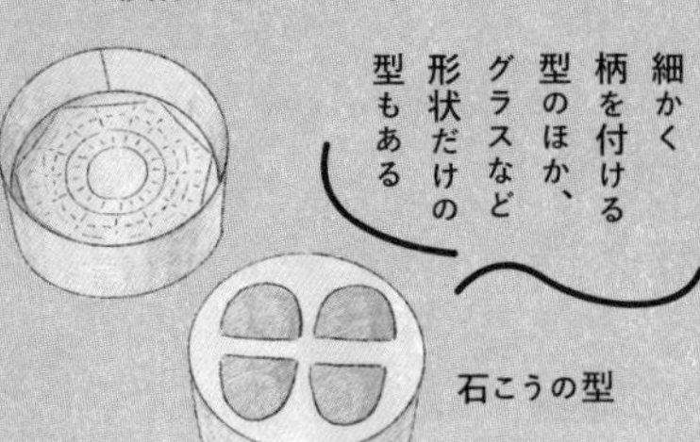

1 石こうで型をつくる

うつわの形や模様を決めて、型をつくります。パート・ド・ヴェールでは、この型にガラスの粉を詰めて、そのまま焼成するため、熱に強い石こうを用います。

2 ガラスの粉を詰める

石こう型の模様部分の一つひとつに、ガラスの粉を糊で溶いたものを詰めていきます。その上から透明のガラスを敷き詰めます。

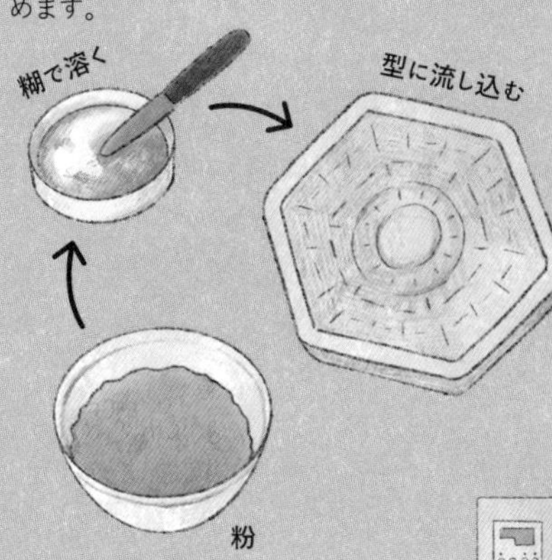

細かな模様がない パート・ド・ヴェール

石こうの型に模様を描かずに製作する場合は、すこし粗めに砕いたガラスの粉を型に詰めていきます。模様はなくても、きれいな色のグラデーションを表現できます。

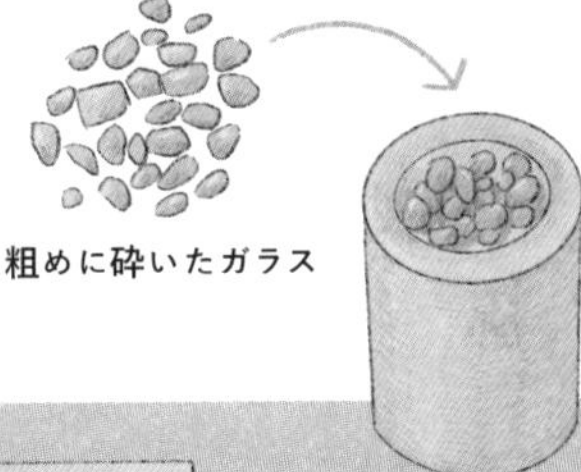

3 電気炉で焼成し、仕上げる

高温の電気炉で焼成し、冷まします。急激に冷ますとガラスが割れてしまうため、ゆっくり時間をかけて冷ましていきます。完全に冷めたら、うつわのフチをやすりで磨くなどして仕上げます。

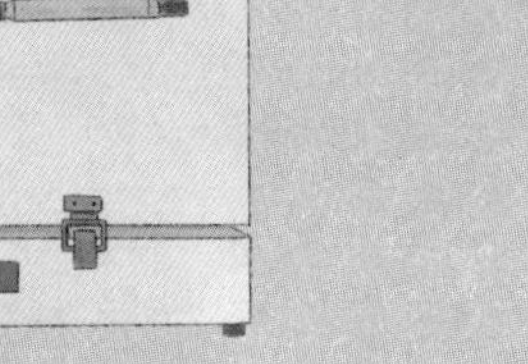

完成！

色や質感も変える

不思議なガラスの装飾

ガラスのうつわには、パート・ド・ヴェール以外にもさまざまな技法による装飾があります。色とりどりのデザインをしたガラスのうつわは、吹きガラスで色付きガラスを混ぜていくだけでなく、キルンワークのひとつであるガラスフュージング技法でもつくることができます。どちらも同じように、カラフルな色の付いたガラスを使いますが、その雰囲気は異なります。

ほかにも、気泡を入れたり、和紙のような質感にしたり、カッティングを施したりと、ガラスならではの装飾が施されたうつわを見ていきましょう。

カラフルなガラスのうつわ

ガラスをつくるとき、原料（ケイ砂、ソーダ灰、石灰石）と一緒にさまざまな金属化合物を添加して高温で溶かすと、色付きガラスができます。これを、キルンワークの技法のひとつである「ガラスフュージング」で溶かして接着すればカラフルなうつわが完成します。初心者でも親しみやすいこの技法は、ガラスをカットして、デザインに合わせてレイアウトし、フュージングのりと呼ばれる特殊なのりで仮止めして焼成することで、ガラスが溶けてつながり、ひとつの作品となります。

なお、吹きガラスでは、ガラスを吹いていくときに色の付いたガラスを組み合わせることで、カラフルなガラス製品をつくれます。

ガラスの中に浮かぶ気泡

ガラスが固まるとき、巻き込まれた空気が抜けずに気泡となって現れる場合があります。急いで冷やしたときに気泡が残りやすいですが、きれいな気泡は装飾としても楽しめます。よく用いられるのは、吹きガラスをつくるときの重曹。水で溶かした重曹をガラスに吹き付け、その上にさらにガラスをまくと、重曹が発泡してガラスの中に残り気泡となります。

和紙のような質感のガラス

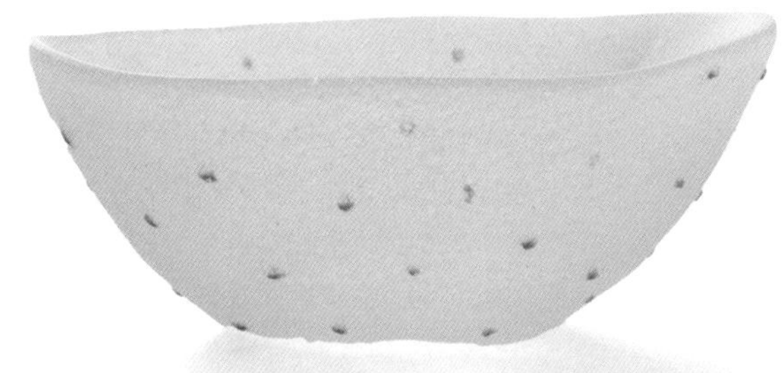

透明なガラスとは質感の異なるざらっとしたガラス。「すりガラス」とも呼ばれます。パート・ド・ヴェールでも、この独特な質感が生まれることもありますが、つるつるのガラスをあえてこの質感に加工するケースも。加工の際は、ガラスの表面に砂(研磨材)を吹きかけ、表面を削るという手法が主流。サンドブラストともいいます。

切子(カットガラス)

ガラスの表面を、回転する砥石などで線や円などの形に削り、模様を施す技法。まずガラスに下絵を描いて、目の粗い盤や研磨材でおおまかに削り、徐々に目の細かい盤や研磨材で削って形を整えます。日本では切子と呼ばれ、江戸や薩摩、長州などでつくられました。現在では、藍・紅色などの薄い色ガラスを無色透明なガラスにかぶせ、表層をカットする方法が広く用いられています。模様は花鳥風月のデザインや曲線を多用したものなど、繊細で粋なものが人気です。

日本の切子のはじまりは江戸時代

カットグラスの技法が日本に伝わったのは江戸時代のこと。浅草出身の文次郎という人が大坂でビードロの細工を学び、1834(天保5)年に江戸で切子ガラスをつくりはじめました。5年後、文次郎は大伝馬町(おおでんまちょう)に「ビードロ屋」を開店。名を加賀屋久兵衛(かがやきゅうべえ)と改め、金剛砂(こんごうしゃ)でガラスの表面に彫刻を施した製品を多くつくり出し、江戸切子を普及させたといわれています。

Column 3

うつわを長く使うための金継ぎ

大切に使っていたうつわも、長く使っていると割れてしまう場合があります。思い入れがあったり、お気に入りのものであれば、そのまま捨ててしまうのは……と思うこともあるでしょう。そんなときにおすすめなのが「金継ぎ（きんつぎ）」です。

金継ぎとは、もともと美術品や茶道具の修復のために考えられた技術です。うつわの専門店でも対応してくれるところがありますが、現在では「ものを長く大切に使いたい」という思いから、個人でも金継ぎをする人がいたり、金継ぎの教室が開かれていたりもします。金継ぎをすることで、そのうつわに現れる新たな表情を楽しむこともできます。

金継ぎには漆や金粉などを使います。パテなどを用いる簡易的な方法もあり、道具セットが販売されていますから、自分で挑戦してみることもできます。

金継ぎの主な手順

1 割れ・欠けの前処理

棒やすりでうつわの割れ面の角や釉薬が残っている部分を削り、面取りをします。

2 接着

小麦粉を水で練ったものと生漆を混ぜ合わせた接着剤（麦漆）で割れた部分の接着を行います。湿度と温度を保った「漆風呂」で3週間ほど固めることもあります。

3 欠けた部分の充填

麦漆に木粉（きこ）を練り合わせた「刻苧（こくそ）」を欠けた部分に充填して3週間ほど固めることもあります。

4 穴埋め

砥粉と生漆を混ぜた「錆漆（さびうるし）」を、割れた部分、欠けた部分の接着面に薄く塗り、小さな穴を埋めます。

5 水研ぎ・下地塗り

砥草（とくさ）や耐水ペーパーに水をつけながら、錆漆を塗った表面を「水研ぎ」して滑らかにします。その上に、黒粉と生漆を混ぜた「黒漆（くろうるし）」を薄く塗ります。

6 仕上げ

表面を水研ぎし、その上に弁柄粉と生漆を混ぜた「弁柄漆（べんがらうるし）」を薄く塗り、金粉を蒔いて完成です。

写真提供…日本金継ぎ協会

お気に入りのうつわを長く使いたいときは**金継ぎ**にチャレンジしてみるのもいいですね

Column 4

世界のうつわ

マヨルカ焼

イタリアで発展した錫釉(すずゆう)陶器。錫釉は不透明で真っ白な表面を生み出し、その上に色彩鮮やかな色絵を施します。古典神話や歴史上の光景などをモチーフとしたマヨルカ独自の様式として発展。今では花や動物、果物などが色鮮やかに描かれたものが人気です。

ナブール焼

チュニジアみやげとしても人気の陶器。17世紀、スペインを追われたアンダルシア人が、釉薬の技術を伝え、その影響から色鮮やかな陶器づくりが発展したといわれます。花や幾何学模様などを青、赤、黄などカラフルな色で描いたものが特に人気です。

バッチャン焼

ハノイからほど近いバッチャン村で15世紀ごろから製造、流通されていたやきもの。交易が発達していたこともあって、ヨーロッパやアジアに多く輸出され、発展しました。絵柄に多いトンボと金魚は幸運をもたらすといわれ、ベトナムの国花であるロータス(蓮)の柄も人気です。

陶磁器が最も早く発達したのは中国でした。その後、世界各地に伝播し、あるいはその土地の土器と融合し、国によって色柄や形に特徴のあるうつわがつくられてきました。料理によって使い分けてみてもいいでしょう。

ボヘミアガラス

現在のチェコ西部、中部地方に当たる「ボヘミア」は、古くからガラス製品の産地でした。16世紀、ルネサンスの時代にヴェネチアンガラスの影響を受け、硬度と透明度を増した美しい「ボヘミアガラス」が製造されるようになります。ボヘミアガラスは自国で採れるブナの木を燃やしてつくる「炭酸カルシウム」を用い、型に流し込んである程度成形されたのち、カットやエングレイヴを施す「コールドワーク」が主流。ヴェネチアンガラスにも引けを取らない精度の高い製品が生み出され、王侯貴族にも愛されました。今もモーゼル社を筆頭に、卓越した技術は受け継がれ、世界中のコレクターに愛されています。

ヴェネチアンガラス

10世紀にはすでにガラス職人が存在していたといわれるヴェネチア。1291年、ガラス職人の保護や国外流出阻止を目的に、すべてのガラス工房はムラーノ島へ強制移転させられ、切磋琢磨することで美しい製品がつくられていきました。15世紀には、クリスタッロと呼ばれる無色透明ガラスを開発し、ここに彫刻を施すエングレイヴが大人気となり、ヨーロッパのガラス市場を独占しました。ヴェネチアンガラスは鉛を含まないソーダ石灰を使用するのが特徴で、コバルトなどの鉱物を混ぜてさまざまな色を表現します。中でも赤が最も硬度が高く、人気を集めています。一つひとつ手づくりである点も魅力です。

高麗青磁・李朝白磁

中国に接する朝鮮半島では、10世紀ごろから青磁の焼成がはじまりました。その後、装飾や器形が多様化し、象嵌（ぞうがん）手法なども施され高麗青磁は中国青磁をしのぐものになりました。一方、李氏朝鮮時代になると白が尊ばれるようになり、白磁が数多く焼かれるようになりました。

トナラ焼

メキシコの中央部にあるハリスコ州トナラの街で焼かれている陶器。先住民の時代から土器づくりが盛んで、植民地時代にスペインなどの影響で陶器がつくられるようになりました。釉薬は用いず、メノウで研磨して光沢を出す独自のスタイルが特徴です。

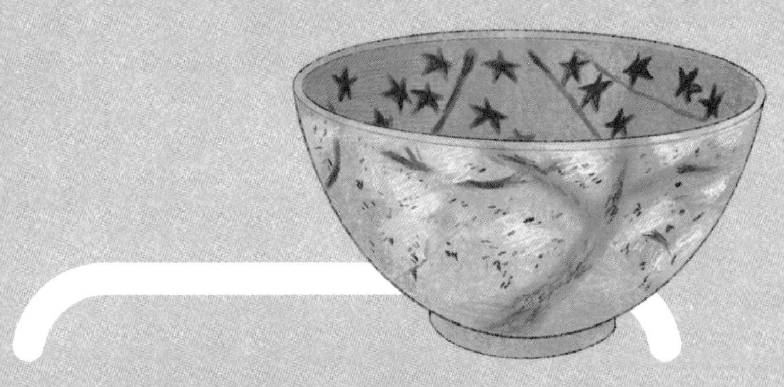

日本文化とうつわ

うつわの歴史は、縄文時代の土器からはじまります。
その後長い年月をかけ、
朝鮮や中国から技術が伝わるなどして、
日本各地で発展していきました。伝統的な技法と、
今もなお受け継ぐ伝統的工芸品も紹介します。

うつわの歴史

縄文時代〜平安時代

日本人が「土器」をつくり出したのは約1万2000年前の縄文時代のことです。5世紀になり、朝鮮半島から、ろくろや穴窯といった製陶技術が伝わると、高温で焼く堅牢な「須恵器(すえき)」がつくられるようになり、これが現代のやきもののルーツとなりました。

釉薬(ゆうやく)の技術が日本に伝わったのは飛鳥時代です。奈良〜平安時代には、愛知県に広く分布していた猿投窯(さなげよう)において、はじめて自然釉(しぜんゆう)や灰釉(かいゆう)を施した陶器が焼かれ、施釉技術が広まりました。ただし、その後は庶民が日常使いする甕(かめ)や壺などの需要が増し、無釉の焼締陶器が量産され、施釉陶器は一度、衰退します。

一方で、漆を使ったうつわは縄文時代前期から使われていたようです。漆は肌に触れるとかぶれるなど、扱いは簡単ではないものの、うつわの耐久性を高め、艶が出るなど優れています。平安時代には蒔絵を施した漆器が、公家や貴族の間で大切にされました。

愛知県陶磁美術館蔵

室町時代

室町時代になると、明(中国)と行った日明貿易の影響で貨幣経済が浸透します。これにより、京都を中心に東山文化が花開きます。武士や貴族の間では「お茶」文化が広まり、茶の湯で使用する陶磁器の「茶陶(ちゃとう)」が注目を集め、「侘(わ)び茶」に合う茶器が人気となりました。

すると、美濃窯ではいち早く黄瀬戸(きせと)、志野(しの)、織部(おりべ)など、日本独自の美しさを持つ施釉陶器「美濃桃山陶(みのももやまとう)」を生み出します。室町時代末期〜安土桃山時代には、「名物狩り」でも知られる茶の湯の愛好家、織田信長の手による名工の保護も一役買って、名品が次々とつくられました。

同じころ、漆器は高価なものだったので、貴族階級が主に使っていましたが、11世紀ごろに重ね塗りの工程を減らす技術が開発され、日常使いできる漆器が出まわり、武士や僧侶の間で徐々に普及していきました。

うつわの変遷

縄文時代

弥生時代

古墳時代

奈良時代
平安時代

鎌倉時代

室町時代

須恵器の誕生

須恵器は古墳時代中期から、平安時代にかけてつくられていた青灰色の焼物です。古来、世界的な陶磁の産地といえば中国で、紀元前2500年ごろにはすでに窯で須恵器の焼成がはじまり、朝鮮半島など近隣に伝播していきました。穴窯で焼き締められた須恵器は、水漏れしにくく大人気を博します。壺をはじめとする、多くの種類のやきものが生産されました。

須恵器大甕

出典…宮内庁ホームページ(https://www.kunaicho.go.jp/)

奈良～平安時代、釉薬を使ったやきものが生産されたといわれているのが猿投窯。

侘び茶が生んだ楽茶碗

室町時代末期、華美な茶会の流行に対し、千利休らが精神性を重視した「侘び茶」の世界を提唱します。利休は茶道具に質素で控えめなものを用いることをよしとし、自らのたどり着いた境地として、陶工・長次郎に「楽茶碗」を焼かせます。手びねりでつくる、わずかなゆがみと厚みのある素朴な楽茶碗は、「不足の美」という利休の精神性を見事に体現しました。

安土・桃山時代〜江戸時代

愛知県陶磁美術館蔵

日本の陶磁器の歴史上で重要な出来事といえば、安土・桃山時代に起こった豊臣秀吉の「文禄・慶長の役」です。明の征服を目指し、朝鮮半島に名だたる大名が出陣しました。そして、彼らが撤退する際に、多くの陶工を連れ帰ったのです。その後さまざまな場所で窯を開設し、これをきっかけに日本の製陶技術が大きく向上していきました。

さらに江戸時代になると、有田で良質な磁石が発見され、日本ではじめて磁器の生産に成功します。藍と白のコントラストが美しい染付にはじまり、色絵、赤絵などが次々に開発され、海外にも輸出されました。特に、赤や黄が鮮やかな柿右衛門様式(P182)などは欧州の貴族たちを魅了しました。江戸時代も後期になると、江戸や大坂などで屋台や蕎麦屋といった外食文化が発展し、安価なうつわの需要が増えていきます。いくつかの窯元でも高級食器ではなく、日常使いの碗や皿を量産し人々の食文化を支えました。

ガラス製品の普及も江戸後期です。加賀屋久兵衛により、江戸切子がつくられたのがきっかけとなり、庶民にも広がっていきました。

明治時代〜昭和時代

愛知県陶磁美術館蔵

明治時代、政府は陶磁器産業の振興に乗り出し、外国人技師を招いて機械化や石炭窯の導入などを行いました。1873(明治6)年にはウィーン万博に出品。日本の陶磁器は高い評価を受け、輸出が盛んに行われ、外貨獲得に貢献しました。

大正時代に変わろうというころ、日本の工芸品は華美な装飾が施された作品がもてはやされていました。しかし、手仕事でつくられた日用品にもスポットを当てようという動きが生まれます。名もなき職人がつくった日常の生活道具の中にこそ「健全な美」が宿ると、柳宗悦、河井寛次郎、濱田庄司らが提唱した「民藝運動」です。無名の職人による日用品に宿る美に注目する流れは、着実に世に広まり、多くの手仕事作品が手に取られるようになりました。

安土・桃山時代

陶工の来日

豊臣秀吉が行った「文禄・慶長の役」をきっかけに、朝鮮から連れてこられた大勢の陶工たちは、九州の有田、唐津、波佐見、中国地方の萩など各地に定住し、藩の要請によって窯場を構築しました。

江戸時代

日本初の白磁焼成

江戸時代、肥前藩(現在の佐賀県)の鍋島直茂に同行して帰化した陶工・李参平(りさんぺい)が、有田東部の泉山で白磁鉱を発見。李は天狗谷窯を築き、日本初の白磁焼成に成功します。日本における磁器生産のはじまりです。今も有田町には李参平を祭神とする陶山神社があります。

天狗谷窯跡(佐賀県有田町)

出典…有田観光協会

明治時代
大正時代

実用の美を提唱した民藝運動

民藝運動では、「工業化が進み、大量生産、効率化が叫ばれる中、失われていく手仕事の文化を守ることが我々の生活をより豊かにする」との主張が行われました。民藝とは「民衆的工芸」の略語で、その特質は実用性、無名性、複数性、廉価性、地方性などを備え、「無心の美」「自然の美」「健康の美」が宿るものであるとされています。

柳宗悦
1889(明治22)年東京都生まれ。思想家。文芸雑誌『白樺』の創刊に参加。

河井寛次郎
1890(明治23)年島根県生まれ。陶芸家、彫刻家、書家。柳宗悦と出会い、民藝運動に賛同。

濱田庄司
1894(明治27)年神奈川県生まれ。陶芸家。東京高等工業学校窯業科で、河井と親しくなる。

昭和時代

中世から続く六古窯

六古窯は生粋のやきもの産地

日本の窯業は前ページでも紹介したように、5世紀ごろ、朝鮮半島からろくろや穴窯の技術が伝わり、須恵器が焼かれるようになったところからはじまりました。やがて平安時代に、猿投窯で施釉陶器が焼かれ、その系統を受け継ぐ形で、東海地方を中心に製陶技術は伝わります。

猿投窯の技術が最初に伝わったのが、近隣の瀬戸と常滑で、さらに常滑から越前、丹波、信楽へ。この5つの窯に須恵器技術を継承する備前を加えた「瀬戸、常滑、越前、丹波、信楽、備前」を「六古窯」と呼びます。

共通しているのは、中世から今日まで生産を続け、日本古来の技術を継承しているやきものである、ということ。日本生まれ日本育ちの、生粋のやきもの産地といっていいでしょう。

「六古窯」は1948年ごろ、古陶磁器研究家・小山冨士夫氏によって命名され、2017年春には日本遺産に認定されています。各産地とも、伝統技法を継承しつつ、時代の変容とともに新たな技術も反映させ、魅力的なうつわを製作しています。訪れてみると、丘陵地に大小の窯跡が残ったり、煙突の工房が軒を連ねたりと、その景色はまさに日本の原風景そのものといえます。

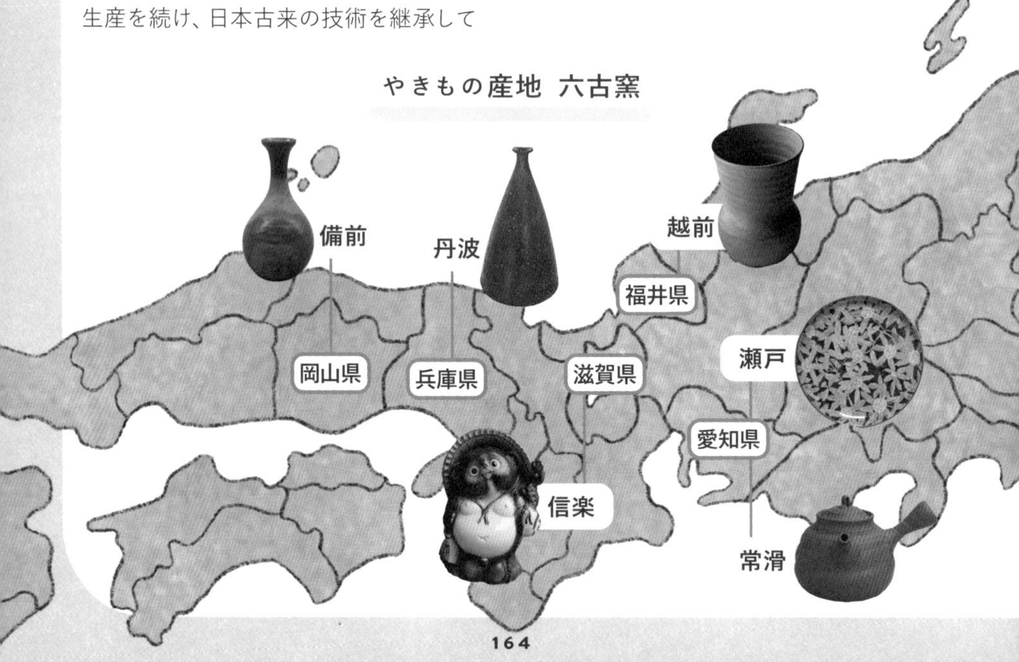

瀬戸（せと） 愛知県

猿投窯の系統を受け継ぐ窯

瀬戸焼は、東海地方を代表する窯だった猿投窯の系統を受け継ぐ形で、平安時代にまでさかのぼり、10世紀の後半にやきもの生産を開始したのがはじまりであるとされ、千年余の歴史を刻んでいます。特に12世紀末から15世紀後半には「古瀬戸」と呼ばれる中世唯一の国産施釉陶器が生産されました。また、江戸時代後期に磁器の開発に成功したことにより、国内有数の陶磁器産地として君臨し、陶器は「赤津焼」、磁器は「瀬戸染付焼」が国の伝統的工芸品として指定されています。

東日本では、やきものといえば「せともの」と呼ぶほど流通しました。近年は、やきものづくりで培われたノウハウを活かして、セトノベルティをはじめとする海外向け製品に加え、碍子（がいし）・ファインセラミックに代表される工業製品など、あらゆる製品を生産・供給しています。

染付草花紋皿（26cm） 染付窯屋 眞窯 加藤眞也

常滑（とこなめ） 愛知県

土管や建築陶器の生産で発展

常滑焼は、瀬戸焼同様、猿投窯の系統を受け継ぐ形で、平安時代末期に誕生したといわれています。知多半島の丘陵地に多数の穴窯がつくられ、室町時代には大型の甕や壺が大量に生産され、海運によって東北から九州まで全国へ運ばれました。江戸時代後期になると現在もつくられている朱泥（しゅでい）の急須や茶器などが人気を博します。近代以降は機械化が進み、下水整備に不可欠だった土管のほか、衛生陶器、タイルを製造して日本の近代化に貢献するなど、次々に新分野を開拓し発展を続けています。

梨皮朱泥急須 故・三代山田常山作（とこなめ陶の森 蔵）

中世から続く六古窯

信楽 滋賀県

琵琶湖の恵みから生まれた陶土

信楽焼の歴史がはじまったのは鎌倉時代中期といわれます。室町時代以前は甕、壺、すり鉢など日用品を主に生産していましたが、戦国～安土桃山時代に侘び茶文化が広まると、その素朴な肌合いが茶人に愛され、利休信楽、遠州信楽などが焼かれました。穴窯により薪で焼かれた品物の窯変の美しさは唯一無二といわれています。近世になると、茶壺や火鉢などがつくられ、その後もコシの強い陶土を活かし、植木鉢や傘立て、たぬきの置物や庭園陶器、タイル、食器などさまざまな分野の商品を生産しています。

抹茶碗　三代高橋楽斎作　甲賀市信楽伝統産業会館蔵

丹波 兵庫県

心惹かれるレトロモダン

開窯は平安時代末期といわれ、当初は無釉で大型の甕や壺、すり鉢、徳利、桶などがつくられていました。江戸時代に入り、登り窯と蹴りろくろ、人工釉が導入され、技術は一気に進歩します。さらに、江戸時代初期の大名茶人である小堀遠州の指導により、茶入れ、水指、茶碗などの「遠州丹波」と呼ばれる名品も製作されました。また、徳利は多種多様なものが生み出され、丹波焼を代表する製品として人気を博します。戦後は民藝運動の精神を体現するような作品がつくり出されています。1978年には「丹波立杭焼」が国の伝統的工芸品に認定されました。

丹波焼酒器　大西雅文作

越前（えちぜん） 福井県

衰微から見事な復活を遂げた

福井県丹生郡越前町には粘りのある鉄分の多い陶土があり、平安時代末ごろより、主に甕、壺、すり鉢といった日用品（古越前）がつくられ、海運によって日本海沿岸各地に輸送され、栄えました。明治時代に入り、磁器の広まりなどもあり衰微し、忘れ去られた古窯となっていましたが、1948年の「六古窯認定」によって復活。1971年に「越前陶芸村」が建てられたことも重なり、息を吹き返しました。今では、土味を活かした素朴な風合いの作品が数多くつくられています。

越前焼工業協同組合

多彩な窯変が茶人に愛された

備前（びぜん） 岡山県

備前焼は平安時代末、須恵器の流れを受け継ぎ、現在の備前市伊部周辺で碗や皿、瓦などを生産しはじめたことを起源とします。備前焼の陶土は「ひよせ」という田んぼの下の層から掘り起こした土で、鉄分を多く含み、硬質に焼き締まり、釉薬を使わず窯変によって生み出される多彩な景色が愛されています。中世にはその機能性の高さから擂鉢・壺・甕を大量生産しており、また素朴な風合いは安土桃山の茶人にも愛され、茶陶として有名になりました。近世以降停滞するものの、昭和に備前焼中興の祖とされる金重陶陽（かねしげとうよう）（1896〜1967年）によって美術品として市場価値を見出され、その後、焼締陶の一大産地として人気を不動のものとし、多くの人間国宝作家を輩出しています。

「手鉢」金重陶陽　備前市立備前焼ミュージアム蔵（上田コレクション）

伝統的工芸品としてのうつわ

伝統工芸品と伝統的工芸品の違いとは？

日本のうつわについて学んでいくと、大変長い歴史があること、そして今も各地でその伝統が受け継がれていることがわかってきます。こうした、暮らしの中で使い続けられ、巧みな技でつくられてきたものを「伝統工芸品」といいます。分野は染色工芸、陶工芸、漆工芸、木工芸、竹工芸、金工芸など多岐にわたり、日本全国におよそ1000品目はあるといわれています。

長年受け継がれてきた伝統工芸品ですが、20世紀以降の大量生産・大量消費の波を受け、後継者も少なくなり、存続が危惧される状態になってきました。そこで1974年、「伝統的工芸品産業の振興に関する法律」が制定され、工芸品の振興がはかられるようになりました。この法律に基づく認定を受けたものを「伝統的工芸品」と呼びます。

＊この伝統マークは、経済産業大臣指定伝統的工芸品のシンボルマークです。

伝統的工芸品の指定

認定を希望する産地組合は行政の協力を得つつ、経済産業省に「伝統的工芸品」の指定を受けたい旨を申請し、審査が行われます。

伝統的工芸品産業振興協会は、「伝統的工芸品とは、工芸品の特長となっている原材料や技術・技法の主要部分が、今日まで継承されていて、さらに、その持ち味を維持しながらも、産業環境に適するように改良を加えたり、時代の需要に即した製品づくりがされたりしている工芸品」としています。

伝統的工芸品として指定される内容は、①技術･技法、②原材料、③製造地域となり、それらを守りながら改良を加えた製品は、経済産業大臣指定の伝統的工芸品といえることになります。

マメ知識 伝統的工芸品を支える「伝統工芸士」

伝統的工芸品を支えるのは、なんといって熟練した技を持っている、つくり手です。伝統的工芸品産業振興協会では、1975（昭和50）年から「伝統工芸士認定試験」を実施し、工芸品の産地で12年以上の経験を持ち、実技・知識・面接の試験をクリアした人に対して、「伝統工芸士」の称号を与えています。スキルも知識も群を抜いたスペシャリストと認定された人がいることは、産地振興においても大きな影響力を持つと同時に、後継者の育成にも力を発揮してもらえます。2023（令和5）年現在、全国では約3500人の伝統工芸士が活躍していますが、これは全体で1割にも満たない人数。大変希少な存在といえます。伝統的工芸士になるためには、実務経験とともに試験に合格する必要があります。

伝統的工芸品の指定要件

1. 主として日常生活の用に供されるものであること
2. その製造過程の主要部分が手工業的であること
3. 伝統的な技術又は技法により製造されるものであること
4. 伝統的に使用されてきた原材料が主たる原材料として用いられ、製造されるものであること
5. 一定の地域において少なくない者がその製造を行い、又はその製造に従事しているものであること

出典…経済産業省ホームページ

伝統的工芸品の日本地図

日本の伝統工芸品はおよそ1000品目あるといわれ、
その中で「伝統的工芸品」に認定されているものは現在237品目。
それぞれ日本全国に分布し、多くの匠によって地域に根差した技術や
歴史が受け継がれています。

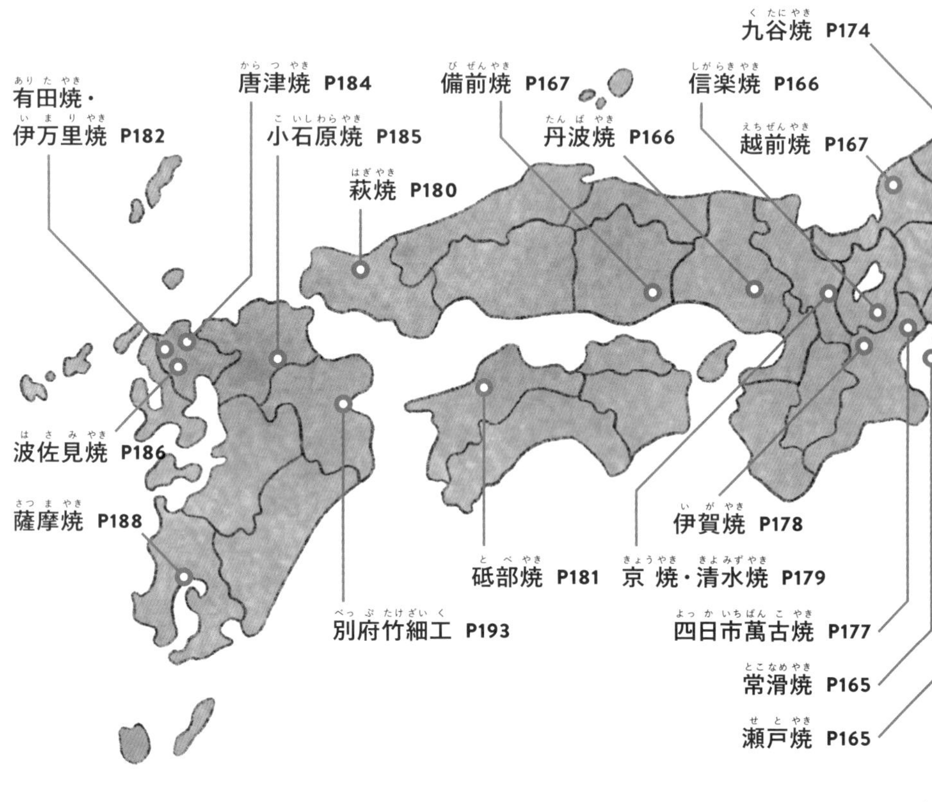

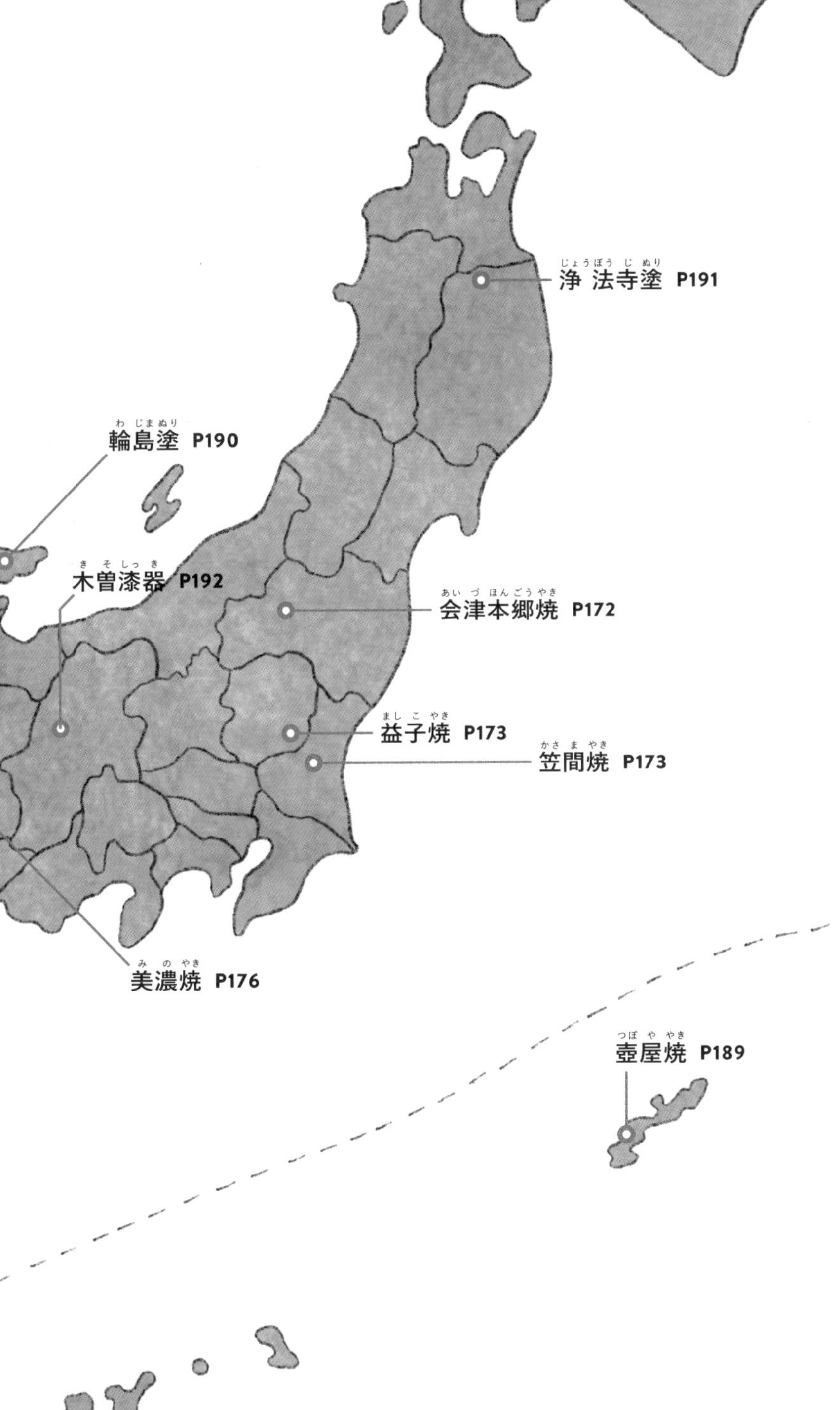
浄法寺塗 P191
輪島塗 P190
木曽漆器 P192
会津本郷焼 P172
益子焼 P173
笠間焼 P173
美濃焼 P176
壺屋焼 P189

やきもの

会津本郷焼(あいづほんごうやき)

福島県

陶器と磁器の二刀流で発展した東北のやきものの産地

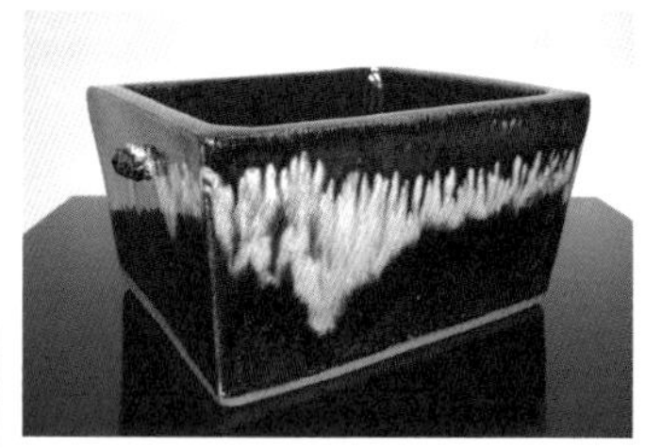
宗像窯

特徴

- 陶器と磁器の両方がつくられてきた
- 幕末には100以上の窯が作陶した
- ニシンの山椒漬けをつくる「ニシン鉢」が有名

会津本郷焼の発祥は1593(文禄2)年にさかのぼります。信長の娘婿であり千利休の高弟でもあった武将・蒲生氏郷(がもううじさと)が城の改修を行う際、近江から工人を呼び寄せ屋根瓦を焼成。これが会津でのやきもののはじまりとなりました。江戸時代になり、瀬戸の陶工・水野源左衛門(みずのげんざえもん)を招いて、本郷村で陶器製造が本格化。また、1870年ごろには大久保陶石が発見されたことから磁器製作がスタート。こうして会津本郷では、瓦焼の流れをくむ「陶器」と、大久保陶石を原料とする「磁器」の二刀流で、現代まで受け継がれてきました。

多いときには大小100以上の窯が稼働し、急須、土瓶、皿などを焼成。戊辰戦争など何度か衰退の危機を迎えつつも復興を遂げ、特に陶器は、昭和になって宗像窯で焼かれた「ニシン鉢」が絶賛され、脚光を浴びました。

現在は、白釉や飴釉を施釉して、さらに緑釉などを流し掛けした陶器、染付や鮮やかな色絵の磁器など、多彩なやきものが10数軒の窯元でつくられています。

＊発祥には諸説あります。

笠間焼（かさまやき）

茨城県

信楽の流れをくむ窯を発端に、自由な陶芸の道を邁進

茨城県の里山に囲まれた笠間で窯業がはじまったのは江戸時代中期。藩の御用窯にもなり、明治期まで発展が進みましたが、昭和になり、不景気や大戦の影響で存続の危機に。そこで、茨城県窯業指導所が設立され、全国の芸術家を誘致する事業を開始し、V字回復を果たします。

笠間の土は鉄分が多く、焼成後は茶褐色になるのが特徴。成形もしやすく、自由度が高いことから、新しい手法が次々に取り入れられました。今も300人ほどの窯元や陶芸家が技を競い合っています。

株式会社向山窯

特徴
- 信楽の流れをくむ甕や鉢からスタート
- 笠間粘土は鉄分が多く焼くと茶褐色になる
- 「特徴がないのが特徴」といわれるほど自由な作風

益子焼（ましこやき）

栃木県

民藝運動で知られる「用の美」を追求

笠間焼の陶工・大塚啓三郎が江戸末期、益子町内で陶土を発見し、窯を築いたことからはじまったのが益子焼です。益子の土はきめが粗く、当初は水甕や火鉢、壺など日用品をつくっていました。やがて大正期になり、イギリスから帰国した濱田庄司が益子に移り住み、創作活動を開始。民藝運動に共鳴していた濱田は花器や茶器などの優れた民芸品をつくり、益子の名は全国に広がります。

基本的な釉薬は漆黒や“柿”と呼ばれる赤茶色、飴色を出す鉄釉などです。

益子焼窯元 わかさま陶芸

特徴
- 笠間焼の流れをくむ窯場
- 濱田庄司が創作活動を展開し民藝運動の拠点に
- 民藝らしいおおらかな日用の美が特徴

九谷焼

石川県

艶やかで豪華な、日本を代表する色絵磁器

漆陶舗あらき

特徴

- 江戸時代から続く磁器の一大生産地
- 古九谷、再興九谷、近代九谷と、時代ごとに特徴がある
- 「青手」「五彩手」「赤絵金襴手」などの色彩様式

石川県が誇る、豪華で華やかな色絵磁器が九谷焼です。九谷焼の誕生は遅くとも江戸前期の1655(明暦元)年とされます。石川県の南西端に位置した大聖寺藩で陶石が発見され、九谷村で窯を開いたのがきっかけとなりました。しかし、この窯は約50年後、突然閉鎖。原因はわかっていませんが、この時期焼かれたものは「古九谷」と呼ばれ、今も大切にされています。

約100年後、小松や金沢で磁器の生産が再開されます。京都から招いた青木木米による春日山窯が成功すると、かつて古九谷を生み出した大聖寺藩でも古九谷再興を目指して新たな窯が誕生。さらには、赤絵細密描画や、金襴手(赤絵の上にたっぷりと金彩を施したもの)などの手法が次々と生まれ、これらは「再興九谷」として世を席巻しました。

海外に輸出された九谷の手法

幕末に現れた九谷庄三(くたにしょうざ)は、和絵具に洋絵具を加え、細密に描いた花鳥山水を間取り方式で取り入れた彩色金襴手(さいしききんらんで)の技法を確立。明治時代に海外に輸出された九谷焼の大半にその手法が取り入れられました。このことから、庄三は“九谷中興の祖”と呼ばれています。明治から現代までの九谷焼は、「近代九谷」「現代九谷」と呼称され、右の写真のように伝統である豪華な色絵磁器を継承しつつ、窯や作家ごとに個性豊かな作風を生み出しています。

マメ知識

九谷焼の代表的な色様式

九谷焼の代表的な様式に「青手」「五彩手」「赤絵金襴手」があります。

青手(あおで)

緑・黄・紫・紺青の色絵具を使い、素地の余白をほとんど塗りつくしてしまう「塗り埋め」という手法もある。特に緑の色絵具が印象的に使われており、緑を「あお」と呼んでいたため「青手」といわれている。

緑 黄

紫 紺青

五彩手(ごさいで)

緑・黄・紫・紺青・赤の5色の色絵具をフル活用した絵付けスタイルで、図案を呉須(ごす)で線描きしたところに五色の絵具を活かし、厚く盛り上げて塗る。窓絵(まどえ)という構図で、写実的に描くのもひとつの特長。

緑 黄

赤

紫 紺青

赤絵金襴手(あかえきんらんで)

赤の色絵具で器全体に細かい絵を施し、さらに金を使って豪華に飾り付けたもの。上級のものは緑・黄・紫・紺青が入ります。九谷焼の赤絵は、古九谷にその萌芽が見られます。

赤 金

石川県九谷焼美術館蔵

美濃焼（みのやき）

岐阜県

美濃桃山陶（みのももやまとう）の流れをくむ磁器の一大産地

カネコ小兵製陶所

特徴

- 織田信長の保護のもと、美濃桃山陶を産出
- 黄瀬戸（きせと）、瀬戸黒（せとぐろ）、志野（しの）、織部（おりべ）などが有名
- 現在は磁器生産の地として多くの食器類を生産

美濃地方での製陶の歴史は古く、古墳時代にはじまっていたといわれます。大きく花開いたのは、茶の湯文化が盛んになった桃山時代。当時の自由なエネルギーに満ちあふれた社会状況の中、自由な造形や大胆かつ繊細な絵付けを施した美濃桃山陶器は、和物陶器に価値や美があることを示した千利休などの茶人に好まれ、もてはやされました。

江戸時代末期に美濃で磁器生産がはじまると、瞬く間に磁器先進地であった有田焼のシェアを取り込み、陶磁器生産量がトップになりました。高度経済成長期までは「作れば売れる時代」でしたが、その後は消費者の多様化や中国製品の影響などで生産が低迷してしまいます。そこで、伝統を守りつつ、普段使いができる磁器生産に力を入れ、分業制導入や加飾技法（金や銀の粉で絵を描く技法）の開発により、多品種大量生産化を実現しました。

近年は、ライフスタイルや価値観の変化に対応し、デザイン性と実用性を兼ね備えた次世代のうつわづくりに取り組み成果を残しています。

四日市萬古焼

三重県

急須や土鍋など実用性の高いやきものが人気

佐治陶器株式会社

特徴

- 「萬古不易」の印が名前の由来
- 鮮やかなピンクの腥臙脂釉や型萬古で復興
- 無釉のため使うたびに色が変化する紫泥急須が有名

江戸時代中期、桑名の豪商で茶人でもあった沼波弄山が窯を設けて茶器を焼き、作品に「萬古不易」「萬古」などの印を押したことからはじまったやきものです。弄山は更紗模様やオランダ文字など、異国情緒あふれる意匠を取り入れて人気に。弄山の死後、一時途絶えますが、半世紀後に再興。木型を使って急須を成形する型萬古、金を使い鮮やかなピンクとなる釉薬（腥臙脂釉）を考案します。

四日市では早い時期に陶土が枯渇したため、全国から原料を取り寄せ、明治期にはいち早く半磁器での製品づくりにも着手し、食器の生産を一気に伸ばしていきました。

現在、四日市萬古焼を代表するやきものといえば、「紫泥急須」があげられます。鉄分の多い赤土陶土で成形後、還元焼成した焼締で、独特のあずき色が特徴。無釉のため使うたびに色の変化も楽しめます。土鍋も人気で、陶土に耐熱性の高いリチウム鉱石を混ぜるため、耐熱性・耐久性に優れ、生産高は国内の8割以上を占めています。

伊賀焼（いがやき）

三重県

作為的に施された破調が独特の美を生んだ

長谷製陶株式会社

特徴

- 作為的な破調が施された「古伊賀」が基礎となる
- 若草色のビードロ釉が美しい
- 左右に一対の耳を施した水差しや花入れが特徴的

良質な陶土に恵まれた伊賀では、室町時代のころから甕やすり鉢などが焼かれてきました。桃山時代になると、茶の湯文化に伴い、古田織部の指導のもと、大胆で力強い茶陶の水差し、花入れなどが生まれます。この時代の伊賀焼を「古伊賀（こいが）」といい、ヘラによる波状の文様や格子状の押し型文様、ゆがみ、焦げなど、作為的に調子を外した加工が施され、古伊賀最大の魅力となっています。

伊賀焼の特徴といわれるのが若草色のビードロ釉。焼いている途中で灰が器物にかかって独特の緑色を生み出します。また伊賀焼では、隣接する信楽焼と区別をするために、水差しや花入れをつくる際、左右に一対の耳と呼ばれる装飾を施しました。そのため「伊賀に耳あり、信楽に耳なし」などといわれています。

現在は、茶陶だけでなく、耐火性の高い土を利用した土鍋などの耐熱陶器が盛んに作られています。

京焼・清水焼

京都府

文化の中心地、京都が生んだ名器たち

株式会社熊谷聡商店

特徴

- 全国から集った陶磁器の技法が融合
- 野々村仁清、尾形乾山などが名作を生み出した
- 江戸初期に完成した「京焼」と、江戸後期にはじまった「清水焼」がある

古来、政治文化の中心として栄えた京都には、文化の担い手や豪商が暮らし、彼らのもとに全国から陶磁器が集まりました。江戸時代初期には粟田口（京都市左京区）などに窯が築かれ、京焼の歴史がスタートします。特に有名なのが仁和寺の門前に御室窯を開いた野々村仁清です。彼の洗練されたデザインと絵画的な絵付けの色絵陶器は茶陶に新風を巻き起こしました。仁清の陶技を受け継いだのが尾形乾山です。京都の呉服商の三男であり、天才絵師（尾形光琳）を兄にもつ乾山は、1699（元禄12）年に洛北に窯を築き、古典文学の一場面をうつわに描く「文芸意匠」を施した名品を生み出します。

五条坂一帯でつくられたやきものは「清水焼」と呼ばれ、清水寺に続く「茶わん坂」では、今も多くのやきもの店が軒を連ねています。現在、京都で焼かれるやきものは一般に「京焼・清水焼」と呼ばれ、伝統を大切にしながらも、使い手のニーズに合わせ、斬新な作品をつくりつづけています。

＊清水焼のはじまりは諸説あります。

萩焼（はぎやき）

山口県

「萩の七化け」で自分だけの萩焼を完成させる

有限会社萩陶苑

特徴

- 親水性、保水性の高い茶碗が多い
- 絵付けや装飾をほとんど行わない素朴な味わい
- 使ううちに茶渋の色が個性になる「萩の七化け」が有名

大名茶人として名を馳せた萩藩の毛利（もうり）輝元（てるもと）は、「文禄・慶長の役」の際、朝鮮から陶工の李勺光（りしゃっこう）と李敬（りけい）の兄弟を招致。萩に移り住んだ輝元は御用窯で李兄弟に陶器を焼かせ、萩焼がスタートしました。

萩焼の陶土はふっくらと柔らかい土肌で、親水性、保水性の高い茶碗ができあがります。その土味を活かすため、絵付けなどはほとんど施さずに仕上げます。使うほどに表面の貫入（ひび模様）から色合いが変化し、茶人から高い評価を受けました。今も萩焼の一部は使いはじめにお茶が漏れたりしますが、使ううちに茶渋が詰まり、だんだん漏れなくなり、茶渋の色が独特の個性となります。これを「萩の七化け」といいます。はじめから漏れ止めをしているうつわもありますが、自分でうつわを育ててみたい人は、萩の七化けに挑戦してみましょう。

萩焼は、黄色が明るく発色する枇杷釉（びわゆう）と、真綿のような白味が温かな白萩釉を用いたものが多い一方、最近は釉薬や焼成技術の進歩により、多彩な色合いのものもつくられています。

砥部焼

愛媛県

手づくり手描きのよさを守り続けた砥部の町

梅山窯 株式会社 梅野精陶所

特徴

- 砥石くずの有効利用から生まれた白磁がルーツ
- 江戸時代末期に磁石が発見され磁器を多数生産
- 民藝運動の影響で手づくりのよさが再評価された

愛媛県砥部町でつくられる砥部焼最大の魅力は、手づくりならではの温かみと使い勝手のよさ、手頃な値段などがあげられます。砥部焼の歴史は古く、6〜7世紀には須恵器が焼かれていたことも確認されています。その後、奈良・平安時代には砥石山から切り出される砥石が脚光を浴び、「伊予砥」として知られる存在になりました。江戸時代、伊予砥を生産する一方で砥石くずから磁器が作られることを知り、大洲藩の命を受けた杉野丈助は苦難の末に1776（安永6）年、砥石くずで磁器焼成に成功し、さらに地元で陶石の発見、釉薬開発の成功などもあり、磁器の産地として歩みはじめます。

第二次大戦後、戦後の復興のために訪れた民藝運動の柳宗悦やバーナード・リーチらにより、民藝の思想哲学を受け継ぎました。手づくり手描きのよさが高く評価され、現在に至っています。

今では伝統の技法を大事にしながら、モダンで新鮮な作品も数多くつくり、個人作家なども増え、四国を代表する磁器の里として賑わっています。

有田焼・伊万里焼

佐賀県

世界中で愛される日本磁器発祥の町

柿右衛門窯

特徴

- 日本で最初に磁石が発見された磁器発祥の地
- 柿右衛門の「赤絵」が有名
- 「金襴手」や上品な美しさの「鍋島様式」も

日本の磁器発祥の地として知られる有田。「文禄・慶長の役」で朝鮮に出兵した鍋島藩主・鍋島直茂が陶工を連れ帰り、窯をつくったところから有田焼の歴史ははじまります。陶工のひとり、李参平はある日、有田泉山で磁石を発見し、天狗谷に築いた窯で磁器焼成に成功。日本の磁器製作の幕開けとなりました。焼かれた磁器は近隣の伊万里港から船積みされて出荷されたので、「伊万里焼」とも呼ばれます。

初期の磁器は中国陶磁の影響を受け、藍と白を用いた染付が主流で、このころのものを「初期伊万里」ともいいます。1640年代は初期色絵の時代で、緑、黄、紫、藍で塗り込めていく「青手」や、緑・黄・紫・藍・赤の5色の色絵具をフル活用した「五彩手」がつくられました。やがて初代・酒井田柿右衛門が赤絵の焼き付けに成功。彼は濁手といわれる乳白色の素地に余白を残しつつ、赤、緑、黄色を使って大和絵風の文様を描く「柿右衛門様式」を確立しました。柿右衛門の作品は、特にヨーロッパに数多く輸出され、欧州の貴族たちに熱狂的に迎えられます。

金襴手様式と鍋島様式の誕生

1688〜1704年ごろに柿右衛門様式とは異なる「金襴手様式」が誕生し、絵付の主流が移り変わっていきます。金襴とは、糸に金箔を巻き付けた金糸などを使って紋様を織った織物で、江戸時代に広まったもの。この金襴に配色が似ていることから「金襴手」と呼ばれています。濃い染付に、赤や金の絵具で豪華に装飾を施した金襴手は、富裕商人にも愛でられました。

さらに伊万里の大川内山では、鍋島藩が将軍家や朝廷に献上するための磁器を焼き、優秀な陶工を囲っていました。藩では秘密保持のため役所や関所を設け、陶工たちを厳しく管理したといいます。そのことから「秘窯の里」などと呼ばれました。

染付と赤、黄、緑を基調とした「色鍋島」、藍色で細かな文様を描いた「藍染付鍋島」、うつわ全体に青磁釉を塗った「鍋島青磁」などがあり、上品な美しさが魅力です。

これら「鍋島様式」のうつわは、明治期には、1873(明治6)年のウィーン万博、1876(明治9)年のフィラデルフィア万博などに出品し、海外で大人気を博します。やがてドイツの科学者ゴットフリード・ワグネルを招き、西洋絵具や石炭窯の導入などヨーロッパの技術が取り入れられ、近代化が進みました。

今でも有田には皿山通りやトンバイ通りなど古い町並みが残り、多くの窯元が美しいやきものをつくり続けています。

マメ知識

伊万里・有田で誕生した様式

柿右衛門様式

1640年代に確立された様式で、赤絵が特徴。

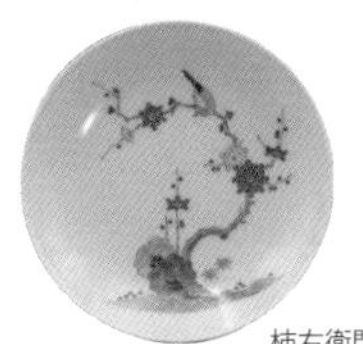

柿右衛門窯

金襴手様式

金彩が施された豪華な色絵が特徴。

鍋島様式

染付の藍色や、青磁釉の端正な雰囲気が特徴。

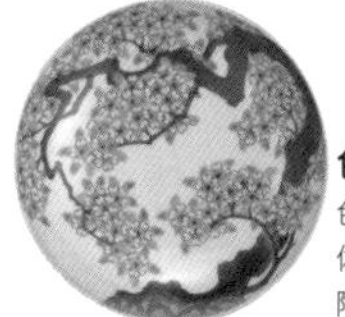

色鍋島
色絵桜樹文皿
佐賀県立九州陶磁文化館所蔵

藍染付鍋島
KIHARA

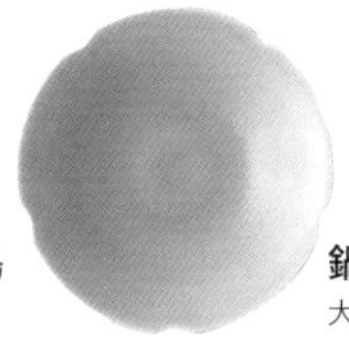

鍋島青磁
大秀窯

唐津焼

佐賀県

素朴で力強い「用の美」のうつわが大名たちを魅了

三藤窯

特徴

- 江戸時代には「一楽、二萩、三唐津」といわれていた
- 絵唐津、朝鮮唐津、斑唐津などバリエーションも豊富
- 中里無庵によって古唐津が復興し、現代によみがえった

茶道の世界では昔から「一楽、二萩、三唐津」といわれ、茶人が愛するやきもののひとつにあげられるほど、唐津焼は大切にされていました。起源は諸説ありますが、1580（天正8）年ごろには唐津市南部の岸岳でやきものがつくられていたといわれます。その後、「文禄・慶長の役」の際に連れ帰った朝鮮の陶工により唐津藩の御用窯で多くのやきものがつくられ、江戸初期にかけて最盛期を迎えました。

当初は茶陶を主につくっていましたが、蹴ろくろと登り窯の導入で日用陶器も大量生産が可能となります。装飾の技法も多様で、代表的なものだけでも、鉄絵で文様を描く絵唐津、鉄釉と藁灰釉をうつわの上下にかけて焼く朝鮮唐津、白濁した藁灰釉がまだら模様となる斑唐津など、バリエーションはとても豊富です。

唐津焼は明治以降、磁器などに押されて一時衰退していきますが、古唐津の技が復活したことで息を吹き返しました。今では若手を中心に、多くの窯元が戻ってきています。

小石原焼（こいしわらやき）

福岡県

シンプルで温かみのある「民藝陶器」が人気

公益社団法人福岡県観光連盟

特徴

- 当初は磁器を生産したが、やがて陶器製作が主となる
- 「飛び鉋」「刷毛目」などの装飾が特徴
- 民藝運動の影響を受け、用の美を絶賛され認知度を高めた

福岡県の小石原地区は標高1000m級の山々に囲まれた自然豊かな場所。ここでやきものがはじまったのは1682（天和3）年のことです。磁器生産が盛んだった伊万里から陶工を招き、窯業がスタート。当初は磁器がつくられたものの、すでに茶陶を製作していた高取焼との交流により、陶器製作が盛んとなりました。

小石原焼の大きな特徴は、ろくろを回しながらうつわの表面に刃先や刷毛を当てて、規則的な模様を入れる「飛び鉋（かんな）」「刷毛目（はけめ）」と呼ばれる技法です。シンプルな中に温かみのある日用雑器は評判となり、全国に流通しました。

大正から昭和期には共同窯で大型の甕や鉢などをつくっていましたが、民藝運動を推進する柳宗悦（やなぎむねよし）らに「用の美」を絶賛され、個人窯元も増え、これをきっかけに全国的に認知されるようになりました。

1958（昭和33）年、ブリュッセルで開かれた万博博覧会でグランプリを獲得し、1975（昭和50）年には陶磁器で日本初となる伝統的工芸品に指定され、今では福岡を代表するうつわの里として人気を集めています。

波佐見焼（はさみやき）

長崎県

磁器を庶民のものにした革命的ブランド

有限会社マルヒロ

特徴

- 唐草模様を描いた丈夫な「くらわんか碗」が大ヒット
- 「コンプラ瓶」はヨーロッパで愛用された
- 分業制により大量生産し、全国区となった

江戸の昔から今日まで、陶磁器生産国内トップクラスのシェアを誇るのが波佐見焼です。1599（慶長4）年、肥前大村藩主・大村喜前が朝鮮出兵から連れ帰った陶工が登り窯を築いたのが発祥といわれます。当初は施釉陶器（せゆうとうき）を焼いていましたが、村内で磁器の原料が発見されたことから、次第に染付と青磁を中心とする磁器生産へ移行していきました。

波佐見焼が得意としたのは、庶民が使う日常食器。中でも唐草模様を筆で描いた器は、丈夫で壊れにくく、「くらわんか碗」と呼ばれ、大ヒット商品になりました。ネーミングの由来は、大阪の商人が、船に小舟で近づき「餅くらわんか、酒くらわんか」と呼びかけながら商売をする際に、この波佐見産のお碗を使ったことにあります。高級商品のイメージを覆す、気軽に使える安価な磁器をつくったことで、波佐見焼は庶民の食文化を大きく変化させたのです。

輸出用容器「コンプラ瓶」を製造

オランダ貿易最盛期だった1650年～明治時代末期まで、波佐見で盛んにつくられたのが、酒や醤油などの輸出用容器「コンプラ瓶」でした。染付白磁の徳利に似たこの瓶は、別名「蘭瓶(らんびん)」とも呼ばれ、仲買商社「金富良(こんぶら)商社」によって東南アジアやオランダへ輸出されました。どっしりとした瓶にオランダ文字が施されたしゃれたデザインと使い勝手のよさから愛用した人は多く、一説に、ロシアの文豪トルストイが一輪挿しとして使った、フランス皇帝ルイ14世が愛用したといった逸話も多く残されています。

キッコーマン国際食文化研究センター

全国シェア拡大を可能にした分業制

明治時代になり、鉄道輸送が発達すると、有田と波佐見でつくられた製品は合わせて「有田焼」として流通しました。しかし2000年ごろ、食品偽装問題をきっかけに陶磁器の産地も正確な表示が求められ、波佐見町でつくられたうつわは「波佐見焼」の名で出荷されるように。それがむしろ功を奏し、モダンで普段使いできる磁器として、波佐見焼はその知名度を一気にアップさせました。

波佐見焼の特徴は、透けるような白磁の美しさと、呉須で絵付けされた、いわゆる染付ならではの繊細な美しさ。今も時代の変化に対応しながら改良し、庶民のうつわとして全国に知られています。

また、早くから取り入れた「分業制」も特徴的で、石こう型をつくる「型屋」、生地をつくる「生地屋」、焼成する「窯元」、絵柄を貼る「上絵屋」と、細かな分業のおかげでスピーディーに大量生産ができ、さらにそれぞれが技を磨くことで、個性豊かな作品が生み出されています。

やきもの

薩摩焼

鹿児島県

多彩な土と技法が生んだ「白もん」「黒もん」

荒木陶窯

特徴

- 繊細な作風の「白もん」と力強い「黒もん」がある
- 焼酎を飲むときに使われる「黒茶家」が有名
- 現在は苗代川系、龍門司系の2系統が残っている

薩摩焼の歴史は「文禄・慶長の役」の際、薩摩藩主・島津義弘が連れ帰った陶工約43名18姓が窯を築いたことからはじまりました。陶工は藩内に散り、大きく5つの系統に分かれ、採れる土や材料などによって独自の発展を遂げました。薩摩焼は、その特徴から大きく白薩摩(白もん)、黒薩摩(黒もん)に分けられます。白もんは白土の素地に透明の釉薬をかけ、表面にひびをあしらい、その上から彩色や透かし彫りを施すという、繊細な作風が特徴的。一方、黒もんは鉄分の多い土を使って焼く、素朴で力強い日常使いのうつわが多く、焼酎を飲むときに使う「黒茶家」が有名です。

明治維新後は、繊細な白もんがパリ万博で絶賛され、「SATSUMA」と呼ばれ親しまれたこともありました。現在は、苗代川系、龍門司系の2系統が残っており、苗代川系は白もんと黒もんを主に製作し、龍門司系は黒もんと、それぞれに伝統の技を受け継ぎながら、現代にマッチしたうつわをつくり続けています。

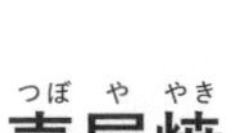

壺屋焼（つぼややき）

沖縄県

明るく大胆な色と絵が南国らしさを伝える

壺屋焼 陶眞窯

特徴

- 琉球王府の庇護のもと、「荒焼」「上焼」が誕生
- 「上焼」はカラフルで南国風な上絵が特徴的
- 現在は那覇市と読谷村にやきものの拠点がある

沖縄の風土で生まれたどっしりとした風合いのやちむん（沖縄の方言で「やきもの」の意）が壺屋焼です。17世紀初頭、薩摩藩の治世下にあった琉球王府は、薩摩から陶工を招いて製陶業をスタートしました。壺屋焼は無釉（むゆう）の焼締「荒焼（あらやち）」からはじまり、やがて白い化粧土をかけてカラフルな上絵を施す「上焼（じょうやち）」が誕生します。上焼は、さまざまな趣向で南国風の自由な絵が描かれ人気となりました。

明治維新後、琉球王国がなくなり自由競争になると、本土から安価で軽い陶磁器製品が流入し、壺屋焼は一時、衰退の危機にさらされます。そんな中、民藝運動の指導者、柳宗悦（やなぎむねよし）らが沖縄を訪れ素朴な美を絶賛したことから、壺屋焼は民藝陶器として全国に知られるようになりました。さらに第二次大戦後、壺屋周辺で登り窯の禁止令が出たため、薪窯にこだわる陶工が読谷村（よみたんそん）に移住し、新たな窯を築きました。今では那覇市、読谷村というふたつのやきものの里が沖縄のやきものを支えるようになり、新たなやちむんの歴史を刻んでいます。

漆器

輪島塗（わじまぬり）

石川県

堅牢な塗りと加飾の優美さは天下一品

漆陶舗あらき

特徴

- 能登は漆器づくりの原料が豊富だった
- 下地を強化する技術が開発され輪島塗が生まれた
- 100回を超える手作業を経て製品がつくられている

輪島で漆器づくりがはじまった時期には諸説ありますが、輪島塗の原型となる技術は室町時代にはあったといわれています。能登では漆の木と木地に使用するケヤキ、下地を丈夫にする「地の粉」に使う珪藻土が豊富に採れたため、漆器づくりが盛んになりました。手数の多いことで知られる漆器づくりですが、江戸時代前期になると、地の粉を漆の樹液に混ぜて下地を強化する技術が生まれ、輪島塗特有の美しさと丈夫さが確保されました。江戸中期には沈金や蒔絵の技術も取り入れられ、華やかな製品が次々に誕生しました。生産された輪島塗は、「塗師屋（ぬしや）」と呼ばれる製造・販売を一手に行うプロが全国で売り歩き、その名を知らしめたといいます。輪島塗は今でも、木地、下地、塗り、研ぎなど20工程以上、総手数では100回を超える手作業があるのが特徴で、それぞれの職人が自分の分野を責任もって遂行し、次々に仕事を渡すことで、完成度の高い商品ができあがっています。

浄法寺塗（じょうぼうじぬり）

岩手県

漆の産地で長く愛される力強いうつわ

岩手県二戸市観光協会

特徴

- 岩手県は国内屈指の国産漆の産地
- 寺で使われた無地で素朴な漆器が浄法寺塗のルーツ
- 今も塗師が刷毛で漆を塗り完成させている

浄法寺塗の歴史は、平安時代、東北地方最古の天台寺で、僧侶が日常で使っていた什器がはじまりといわれます。

装飾はほとんどなく、無地で素朴なうつわに漆が塗られ、これが「御山御器（おやまごき）」と呼ばれました。この御山御器は、参拝者にも供されたことにより、塗りの技術が庶民に浸透し、現在の浄法寺塗の原型となりました。

浄法寺塗は塗師が木製の材料に刷毛で漆を塗り、乾燥・研磨を最低6回繰り返して完成させるという、大変手の込んだもの。光沢を抑えた、独特の艶消しの朱や溜は、使っていくうちに艶が出てくるのが大きな特徴です。

現在、岩手県は国産漆のおよそ82%(2021年時点)を産出。その中でも、二戸市浄法寺町は屈指の産地として知られています。

木曽漆器（きそしっき）

長野県

木曽の山間で先人の技を受け継ぐ漆器の里

有限会社ちきりや手塚万右衛門商店

特徴

- 江戸時代から漆器づくりが発達
- 錆土粘土により堅牢な漆器が製作されるように
- 伝統的な春慶塗、堆朱、塗分呂色塗が受け継がれる

標高約1000mの高地にある旧楢川村(現・木曽平沢)は、夏は涼しく冬は湿潤という気候が漆を塗る作業に適していたことから、江戸時代初期より漆器づくりが発達しました。

昔から木曽には、ヒノキが豊富にあり、そのヒノキを使った木地づくりが行われていました。江戸時代に尾張藩が飛び領地としてこの地を治めた際には、伐木管理などが行われ手厚く保護されたことにより、木曽漆器が発達。中山道の交通の要所という条件にも恵まれ、土産物として親しまれました。

明治期になり、下地づくりに必要となる「錆土粘土（さびつち）」が発見され、これを漆と混ぜることで堅牢な漆器がつくれるようになり、ひとり用の膳やタンス、座卓など大物も生産されるようになりました。現在は、伝統的な技法である春慶塗（しゅんけいぬり）、堆朱（ついしゅ）、塗分呂色塗（ぬりわけろいろぬり）の三技法が受け継がれる一方、若い職人を中心に、現代の生活様式にマッチした漆器も数多く生産されています。

竹細工

別府竹細工（べっぷたけざいく）

大分県

古来日本で使われてきた竹細工の一大産地

福籠〜fukurou〜 一木律子

特徴

- 大分県はマダケの生産量トップを誇る
- 湯治客の土産品として別府竹細工は江戸期に人気に
- 竹ひごを編み上げる「編組」で篭やザルがつくられている

編組（へんそ）に適した良質なマダケの産地日本一として知られる大分県では、古くから竹細工がつくられていました。別府竹細工は室町時代、行商用の篭が生産販売されたことがはじまりといわれます。江戸時代には、別府温泉が人気となり、湯治に訪れた客が飯篭やざるを土産物として持ち帰り、その使い勝手のよさが伝わり、全国に普及しました。

明治期には、竹工芸近代化を目指し、技術者育成のため、別府町及び浜脇町学校組合立工業徒弟学校（現・大分県立大分工業高校）が創立。全国から多くの竹職人が集まり、優れた技術が蓄積され、別府の地場産業として成長し、現在の別府竹細工の基礎が築かれました。

別府竹細工の特徴は、竹ひごを編み上げる「編組」という技法。四つ目編み、六つ目編み、ござ目編みなど8つの基本技術があり、製作工程はすべて手作業です。組み合わせによって200通り以上あるという編み方を駆使し、現代のニーズにマッチした製品が生み出されています。

Column 5

古陶磁とモダンを掛け合わせた天才芸術家、北大路魯山人

独創的な作品を生み出した

北大路魯山人(きたおおじろさんじん)が誕生したのは明治16(1883)年のこと。早くに父親を亡くし、6歳で木版師を営む福田家の養子になった彼は、篆刻(てんこく)(篆書体の文字をはんことして刻むこと)の腕を磨きつつ自ら食事係を買って出て料理の基礎を学び、やがて20歳で上京します。1年後、日本美術協会展の書の部で一等二席を授賞したことをきっかけに、書家として独立し、芸術家としての道を歩き始めます。

その後、37歳で古美術骨董店を開店し、うつわに高級食材を使った料理を盛ってふるまったところ、これが大変な話題となり、会員制食堂「美食倶楽部」が立ち上がりました。店は関東大震災で焼けてしまいますが、すぐに「星岡茶寮(ほしがおかさりょう)」という会員制高級料亭を立ち上げ、再び多くのファンを獲得しました。このとき、「おいしい料理には、それにふさわしい美しさのある食器が必要」と、魯山人は料理に合う理想のうつわを作り出します。

魯山人が作陶に目覚めたきっかけは、大正4(1915)年に訪れた山代温泉で九谷焼窯元の初代・須田青華(すだせいか)に手ほどきを受けたこと。このとき、陶芸の奥深さに触れた魯山人は、どん欲に学び、やがて豊かな才能を開花させたといいます。

その後、織部、備前、信楽、美濃、瀬戸焼など日本の技術はもちろん、中国や韓国の技法も参考にしつつ、豪放で独創的な作品を生み出し、陶芸界にその名を残しました。彼が生涯で焼いたうつわは20〜30万点にものぼるといわれます。

雲錦鉢

大正から昭和にかけて、日本陶芸界に多大な影響を与えた人物、北大路魯山人。
陶芸、書、料理、篆刻など、さまざまな芸術分野で活躍した美の巨匠が
特に力を注いだ陶芸との関わりについてご紹介しましょう。

料理と一体になった美

魯山人の代表的な作風のひとつに、自由闊達な絵付けがあります。「雲錦鉢」という作品では、桜と紅葉を鉢の内側と外側に艶やかに描き分けていますが、これは江戸時代の名工・仁阿弥道八の作品に触発され、さらに独自のアレンジを施したものです。

また、大胆な造形美も得意とし、俎板をヒントにつくられた「織部釉長板鉢」は、織部特有の濃緑色の釉がかかった表面を平らには仕上げず、あえて波打たせ、圧倒的な力強さと風流さで度肝を抜きました。

彼が大切にしていたのは「用の美」。うつわは料理を盛ってこそ、その良さがわかるというスタンスを貫いており、どのうつわも、確かに料理と一体となって存在感を示します。まさに美食家・魯山人の真骨頂といえるでしょう。

織部釉長板鉢

こんなときどうする？Q&A

うつわを買い、毎日使っているとさまざまな疑問が出てくるかもしれません。
ここでは、うつわと楽しく付き合っていく際によく出てくる質問にお答えします。

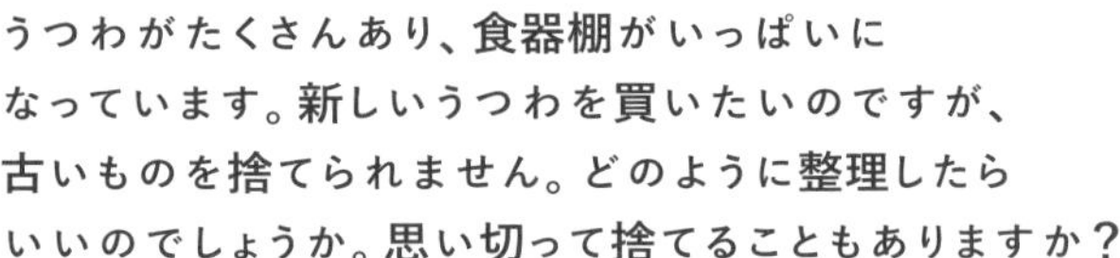

Q うつわがたくさんあり、食器棚がいっぱいになっています。新しいうつわを買いたいのですが、古いものを捨てられません。どのように整理したらいいのでしょうか。思い切って捨てることもありますか？

A

なんとなく使う気の起こらないうつわ、購入したものの使い勝手のよくないうつわなどは、どうしても出てきてしまうもの。ときには、「手放す勇気」も必要です。店頭では「素敵」と思って購入したものの、しっくりくるかは使ってみないとわかりません。また、ライフスタイルや食の嗜好は、年月とともに変わっていくものです。うつわにばかり執着するのではなく、そのときの自分に合うものを選びましょう。

また、手放し方の選択肢として、誰かにあげる、バザーやフリマアプリに出す、という方法もあります。食器棚に眠っているより、必要としている人のところで使われる道を見つけてあげられるといいですね。

Q プレゼントでハイブランドのうつわをもらったのですが、日常の食事では使いにくいです。どんなときに使ったらよいでしょうか。

A プレゼントでうつわをいただく場合、洋食器のティーカップやプレートが多いでしょう。

ティーカップならば単品でコーヒーや紅茶を楽しむ際に使えますし、お菓子をあわせる場合は磁器のシンプルな白皿などを選ぶと良いですね。

もしそのうつわが気に入ったのならば、同じブランドでもうワンアイテム買い足しても。2点あるとセットアップになって、使える機会がぐんと増えます。

ハイブランドのものだと臆さず、日常使いのうつわと取り合わせられそうでしたら、気軽に使っていきましょう。

新しいうつわを購入しようと思っていますが、どんなうつわを足したらよいのか迷っています。

A まずは今持っているうつわをすべて並べて見てみましょう。サイズや形状に偏りがあれば、少し違うものを足してもいいかもしれません。普段からよく使っているうつわと使わないうつわを把握しておくと、必要なものが見えてきます。

また、食事の際に「この料理を盛り付けるうつわが足りない」と思ったことを忘れないようにしておくとよいでしょう。それが自分の生活に合ったうつわであることが多いです。

個性的なうつわにチャレンジしたいのですが、おすすめはどんなものでしょうか？

A 個性的なうつわを選ぶなら、私のおすすめは「脚つき皿」です。脚があることで高低差が出るので、食卓が華やぎます。

とはいっても、気負わず、普通のお皿の感覚で盛り付けをすれば大丈夫です。たとえば、クッキーや饅頭をのせて菓子器のように使ったり、初物や旬の食材をのせて主役感を演出したりできます。

食器棚にしまいこまずに、ただ置いておくだけでもオブジェのような存在感のあるうつわです。

小さな子どもがいるのですが、プラスチックではないお皿を使いたいと考えています。どんなものがおすすめでしょうか。

A 小さな子どもがいると、やきものやガラスのうつわは落として割ってしまうのではないか、と気になりますよね。プラスチック以外ですと、木のうつわがおすすめです。持ったときに木のぬくもりが感じられますし、そのまま口をつけても口当たりがよいです。

うつわ自体が熱くなりにくいのも安心できるポイントです。最近では軽くて割れにくい、木でできた離乳食用のうつわもたくさん売っています。

マグカップやグラスなど、飲み物を入れるうつわの選び方のポイントはありますか？

A マグカップは自身の嗜好を思いきりぶつけられるアイテムともいえます。仕事をしながら、読書をしながらなど、カップ単品で使うシーンが多く、ほかのうつわとのコーディネートを気にする必要がありません。

素敵だけど使いこなせる自信がない、と感じているブランドや作家さんのカップ、大好きなキャラクターやファンクラブのグッズなど、自分に元気ややる気をあたえてくれるものを選んで使ってみてはいかがでしょうか。グラスにも同じことがいえます。

食卓の雰囲気をガラッと変えるのにおすすめの方法はありますか？

A お客さまがいらっしゃるとき、ホームパーティーを行うときなど、食卓の雰囲気を変えたいと思ったら、テーブルクロスを変えるのがおすすめです。木のテーブルの場合、真っ白なリネンのクロスを敷けば、清潔感のある食卓になり、カトラリーやグラスの存在感が増すなど、選ぶ素材や色味などで、まるで別の空間かのように変えることができます。

誕生日の食事やクリスマスなど、テーマや季節に合わせて華やかなものを選んでもいいでしょう。また、紙ナプキンもさまざまな柄のものが売っていますから、取り入れてみてください。いつものうつわを使っていても、新たな雰囲気を演出できます。

今すぐには使わないけれど、取っておきたい食器の上手な保管方法はありますか？

A すぐに使わないのであれば、普段使いのうつわとは分けておく方がよいでしょう。破損やほこりを防ぐために、箱に入れて別の場所で保管しましょう。箱の中身がわからなくなってしまいそうならば、箱に名前を書いておきます。

使いたい季節やシチュエーションが決まっているうつわにも同じことがいえます。

Q 食卓に並べたとき、なんとなく箸が浮いてしまいます。どんなものを選べばよいでしょうか？

A 箸は指先の延長とも考えられるほど食事にとって大切な道具です。人それぞれ合う長さや太さがありますし、使いやすいものは人によって異なります。専門店やうつわのお店で買う場合、ホームセンターなどで買う場合、どちらも手に取って選ぶことが大切です。

素材としては木製がおすすめです。木製といっても、種類や色はさまざまですから、テーブルや汁椀に合わせて、浮かないものをまずは選んでみてください。樹脂やプラスチックが悪いわけでなく、お弁当などでは使いやすい素材です。

慣れてきたら、料理や季節に合わせて箸を組み合わせて変えてみるのも楽しいです。私は夏場は涼しげな竹を使ったり、鍋料理には削り跡の残っているような素朴な箸を選んだり、手に取る箸も季節によって変わってきます。

Q 食器棚は必要でしょうか？

A 住宅事情やキッチンの収納量によって必要かどうかは変わってきますが、あると便利ではあります。

私のおすすめは引き戸式の食器棚です。オープンラックに比べ、戸があることでほこりを防ぎ、うつわを清潔に保てます。また、地震などの衝撃があった際に、戸が開いてしまうというリスクが低くなります。

Q 片付けが苦手で上手に収納ができません。アドバイスはありますか？

A 収納場所や収納方法はさまざまですが、まずは「出し入れのしやすさ」を心がけましょう。

出し入れしにくいことが小さなストレスとなって、うつわを気持ちよく使えないのはもったいないことです。

アイテムごと、色ごとに分けたり、使用頻度を優先したり、用途別でまとめたりなど、あなたが最も使いやすいのはどれでしょうか。仕分け方はいろいろありますから、自分に合った方法を選んでルールを作ってみましょう。

うつわ選びに行くときに
これだけは
おさえておきたいマナー

お互いが気持ちよくいられることが大切

うつわが置いてあるお店に入ったとき、どんなことに気をつけたらいいのでしょうか。あなたの買い物マナーによって、お店側の対応も変わってくることがあります。何事も最初が大切。購入者、店の双方が気持ち良く過ごせる、ということを意識してみてください。

お店にあるうつわは売り物ですから、家にあるうつわを扱うのとは違います。必ず押さえておきたいことは下の4つの注意点です。

また、小さな子どもを連れてお店に行く場合は、お店側が心配に思うことのないよう細心の注意を払う必要があります(お店によっては子どもの来店をお断りしていることもあります)。

注意点1 大きな荷物は置かせてもらう

大きな荷物を持っていると、棚やうつわにぶつかってしまうことがあります。お店によっては荷物を置くスペースが設けられていますから、そういった場所に置かせてもらってから見るようにしましょう。

注意点2 うつわは両手で扱う

やきものやガラスのうつわは繊細です。両手を開けた状態にしておき、両手でうつわを持ちましょう。持ち手やつまみ、耳などの本体にくっついている部分は特に壊れやすくなっています。ポットや急須など蓋付きのものは、片手で持ち上げたりせず、特に注意して扱いましょう。

注意点3 カチッと音を立てない

うつわを手に取り、戻すときには特に注意が必要です。棚に戻すとき、うつわを重ねるときにはなるべく音を立てないようにしましょう。

注意点4 アクセサリーは外す

うつわに当たってしまうので、指輪は外したほうがよいです。時計やブレスレットなど、うつわに当たる可能性のあるものは控えた方が安心です。

うつわをお店で購入したいと思っても、
「専門店は敷居が高くて入りにくい」
「どんなことに気をつけたらいいかわからない」
「買うときに注意することはある？」といった
声を聞きます。ここでは、うつわを
買いに行くときのマナーを紹介します。

ひとりでうつわを見に行くのも集中できていいですが、たまには誰かと行くと新しい視点で見ることができておすすめです。たとえば、眼鏡を選ぶ時に自分に似合っているか客観的な意見を求めるように、そのうつわを手にしている自分がどう映るのか、意見を聞いてみると思わぬ発見があったりします

お店でうつわを購入する

お店で選ぶときの最大の魅力は、お店の人に話を聞いたり、相談したりできるということです。うつわの特徴や注意点、おすすめなど、ちょっとしたことでも気になったら恥ずかしがらずに聞いてみましょう。

そのときに見ているものを良いと思ったら、一期一会であるということを意識して

GOOD!

ココをCHECK!

- 同じものを複数購入する場合は、重ねやすさも試してみましょう。
- 作家のうつわの場合、焼き上がりのたびに雰囲気が変わることがよくあります。同じものを複数欲しい場合は、「あるときに買う」という選択が賢明かもしれません。
- お店の照明によっては、色がわかりにくいことも。その場合はお店の人に断ってから自然光で色を確認してみましょう。

インターネットでうつわを購入する

近年はさまざまなうつわがインターネットで手軽に購入できるようになりました。お店で買うのと同じように、不安に思うことやわからないことがあれば、問い合わせをし、納得したうえで購入することが大切です。

ココをCHECK!

- サイズや重さは、手持ちのうつわと照らし合わせて確認しましょう。特に重さは、記載がなければ問い合わせてよいくらい、使い勝手にかかわる大切なことです。
- 欲しいアイテムが決まっていても、そのお店にほかにどんなうつわがあるのか見てみましょう。実店舗と同じく、新しいうつわの出合いがあるかもしれません。
- 配送時トラブルのリスクの可能性はどうしても生じます。万が一の時にはお店側と迅速にやり取りできるよう、受け取り日時のスケジュール調整は事前に行い、受け取り後の商品の状態はなるべく早く確認しましょう。配送会社での長期間の保管はなるべく回避します。

マメ知識

自分の手の大きさがどのくらいか把握しておくと、メジャーを持っていなくてもうつわのサイズの見当がつきます。パーに広げたとき、グーに握ったとき、くらいを覚えておくと便利です。特に陶器市などでの買い物の際に役立ちます。

うつわに関する用語集

穴窯（あながま）

山の斜面などに掘った穴の中でうつわを焼く窯。壁に囲まれているため野焼きよりも熱効率がよく、火の温度を高温にでき、焼き締めが可能。

鋳込成形（いこみせいけい）

石膏型に泥漿（粘土、水、ケイ酸ソーダを混ぜ合わせた液体）を流し込んでうつわをつくる方法。自由度が高く、ろくろ成形などでは難しい形の成形に向いている。

イッチン描き（が）

イッチンはスポイトなど材料を絞り出すための道具のこと。イッチンに白化粧土や釉薬などを入れてうつわ面に絞り出し、装飾を加える技法がイッチン描き。

色絵（いろえ）

上絵の代表的な手法。近世までは上絵具は赤、青、黄、緑、紫などに限られていたため、中国では「五彩」と呼ばれ、赤主体のものは「赤絵」と呼ばれた。現在は中間色も含め多彩な絵具が使われる。

オーバル皿（ざら）

楕円の形をした皿。横に長く奥行が抑えられるため、食卓をすっきりとした印象にまとめてくれる。

折敷（おしき）

もとは食器や料理の下に敷いた木製の食台のこと。懐石料理などで古くから使われ、正角や長方形のものが多い。直接料理を盛り付けて使うこともできる。

織部釉（おりべゆう）

灰釉などに呈色剤として酸化銅を加えた釉薬。酸化焼成すると鮮やかな緑色に焼き上がる。茶人、古田織部がこの緑釉を好んだため織部釉と呼ばれるようになった。

灰釉（かいゆう）

自然釉を人工的に調合してつくられた釉薬。松、樫、くぬぎなど種々の木の灰や藁灰に、ガラス質の素となる長石などが調合される。最も基本的な釉薬。

掻き落とし（かきおとし）

素地に化粧土をかけて半乾きにし、化粧土部分を釘やカキベラなどで掻き落として絵柄や模様を描く技法。掻き落とした部分は素地の土が見え、化粧土とのコントラストが際立つ。

黄瀬戸釉（きぜとゆう）
微量の鉄分によって黄褐色に発色する釉薬。16世紀末、瀬戸の陶工が美濃に移り住んで焼いた黄色いやきものが「黄瀬戸」と呼ばれ、黄瀬戸釉の由来となった。釉薬の発色や肌合いによって、「油揚手」「ぐい呑手」「菊皿手」などと呼ばれる。

切子（きりこ）
ガラスの表面を、回転する砥石などで線や円などの形に削り、模様を施したもの。カットグラスともいう。

キルンキャスト
鋳型のなかにガラスの小塊を入れて電気炉で焼成し、窯から出して冷却させてガラス作品をつくる技法。

キルンワーク
ガラスを電気炉（キルン）で加熱して変形·癒着させて作品をつくる、ガラスアートの技法の総称。

金彩・銀彩（きんさい・ぎんさい）
金箔や金泥などを使ってやきものに模様を施す手法。上絵の一種。金液で模様を描いたり、金箔を貼って焼き付けたりと、やりかたはいろいろある。

金継ぎ（きんつぎ）
伝統的なうつわの修復方法。うつわの割れたところに漆を塗って接着させ、継いだ部分に金粉を蒔く。

粉引（こひき）
主に赤土などで成形したうつわに、白化粧土を上から総がけしたり、ハケで塗ったりして、オフホワイトな色味をだす技法。色むらも「景色」として味わう。

自然釉（しぜんゆう）
高温で焼き締めを行うと、窯のなかで、素地に含まれるケイ酸分（ガラス質の素）と薪の灰が反応して釉化することがある。こうしてできた釉薬を自然釉という。

しのぎ
カキベラなどを使って器体表面に稜線文様を出す技法。稜線とは山の山頂部のこと。しのぎは「鎬」と書き、日本刀の刃と峰の間にある高くなった部分をいう。

志野釉（しのゆう）
桃山時代に生まれた白色釉薬。長石を主成分としマットで温かみのある白が生まれる。

須恵器

古墳時代中期から平安時代にかけて焼かれていた硬質のやきもの。穴窯で高温焼成するため、強く焼締まり、従来の土器よりも硬度があった。

すりガラス

ガラスの表面に砂（研磨材）を吹きかけ、表面を削ってつくったガラス。サンドブラストともいう。

スリップウェア

スリップという化粧土を素地にかけ、その上からイッチンやスポイトなどで線や櫛目などを描く、西洋由来の装飾方法。

青磁釉

青磁は中国で発達したやきもの。この青磁に使われる釉薬が青磁釉で、わずかな鉄分が含まれ、還元焼成によって変化して清澄な青緑色に発色する。

象嵌

素地に線紋や花型の印を入れ、そのくぼみに化粧土を埋め込み、はみ出した部分を削り取ることで模様を施す技法。象嵌技法の一種。三島手とも呼ばれ、細かな線紋が、かつて三島大社が発行していた三島暦に似ていることがその名の由来といわれる。

属人器

自分だけの飯碗、汁椀など、使う人（占有者）が決まっているうつわのこと。

そば猪口

そばつゆを入れてそばを食べるときに使ううつわ。懐石料理の向付としても使われ、その後も湯呑、小鉢などとして自由に使われてきた。

染付

下絵付の一種。素焼きした素地に、呉須と呼ばれる酸化コバルトを含む絵具で絵付けをし、透明釉をかけて還元焼成し、鮮やかなブルーを表現する。

染錦

下絵である染付をうつわに施して、施釉・本焼き後、その上からカラフルな上絵を施したもの。二段階の絵付けをすることで、下絵、上絵それぞれの色彩美が楽しめる。

たたら成形

板状にした粘土を「たたら」といい、たたらを組み合わせてうつわをつくる方法をたたら成形という。

長角皿

長方形の形をした皿。横に長い皿なので、焼魚など横に長い料理を盛るときに便利。

鉄絵

下絵付の一種。素焼きした素地に、ベンガラや鬼板と呼ばれる鉄分を多く含んだ絵具で絵付けをし、透明釉や灰釉、長石釉をかけて本焼きし、絵の部分に茶褐色や黒を発色させる方法。

手びねり成形

手で粘土をひねったり、つまんだりしながらうつわをつくる方法。成形方法には「玉づくり」と「ひもづくり」の2種類がある。

電気窯

炉内に巡らされた熱線を発熱させて、輻射熱によって温度を上げて焼成する窯。

天目釉

黒く発色する鉄を多く含んだ釉薬を全般に天目釉という。天目釉には鉄分の量によって、茶褐色、漆黒、青、黄色など多様な色がある。

飛び鉋

素地に化粧土をかけて半乾きにし、ろくろで回転させながら鉋と呼ばれる削り道具を押し当て、規則的な削り模様をつける装飾方法。

布目

麻など目の粗い布を素地の上に被せて、上から白化粧土を塗りこむことで表面に布のテクスチャーを写し取る技法。

練込

2種類以上の色の異なる粘土を混ぜたり貼り合わせたりしながら模様を生み出す技法。表と裏に同じ模様が出るのも練込ならでは。

刷毛目

刷毛に白化粧土を含ませてうつわに塗っていく技法。全体に塗るほか、上部のみ、下部のみなど部分的に塗ったり、刷毛目のかすれや濃淡をわざとつけて模様にしたりすることもある。

パート・ド・ヴェール

ペースト状にしたガラスの粉末を鋳型に入れて電気炉で焼成し、窯から出して研磨などの加工を施してガラス作品をつくる技法。

フュージング
板ガラスを数枚組み合わせて、フュージングのりでとめて電気炉で焼成し、窯から出して冷却させてガラス作品をつくる技法。

マット釉
表面に光沢がなく、不透明な表情をつくる釉薬。近代になって、釉薬を意図的に結晶化させてつくられた。

饅頭皿
三寸サイズの縁がややせり上がった丸い皿。濱田庄司が饅頭をのせるために発案し、来客時、この皿に饅頭をのせてふるまったという。

民藝運動
名もなき職人がつくった日用品に美しさを見出そうというムーブメントで、大正時代に柳宗悦、河井寛次郎、濱田庄司らが提唱した。民藝とは「民衆的工芸」の略語で、その特質には実用性、無名性、複数性、廉価性、地方性などを備え、「無心の美」「自然の美」「健康の美」が宿るとされた。

目止め
陶器に水分などが染み込みシミができることを防ぐため、米のとぎ汁などに入れて15分ほど沸騰させ、穴をふさぐ作業のこと。

面取り
ろくろ成形でできる円筒状のうつわの表面を叩いたり、専用の道具で粘土をそぎ落としたりして平面をつくること。

焼締
素地に釉薬をかけず、高温で焼き締めたもの。土味と炎の状態によって、窯のなかでさまざまな変化（窯変）が起こり、それが作品を彩る。

釉薬
鉱物や木灰などを原料とする薬剤のこと。焼き物にかけて高温で焼くと表面に薄いガラス質の被膜をつくり、耐水性を増す。また、薬品に含まれる成分が焼成時に土の成分と反応して科学変化を起こし、青や黄などの色彩を生むこともある。

釉裏紅（ゆうりこう）

下絵付の一種。素焼きした素地に、主に銅を主成分とした絵具で絵付けをし、透明釉をかけて還元焼成し、鮮やかな紅色や紫色などを発色させる方法。

窯変（ようへん）

高温の窯でうつわを焼き続けると、土味や釉薬、炎などの作用で予期しない変化が起こる。これを窯変という。特に焼締の場合に窯変が起きやすく、焼締陶の代表、備前焼では「緋襷」「牡丹餅」「桟切」など特徴的な模様が現れる。

リム皿（ざら）

リムとは「縁」のこと。縁のある皿をリム皿と呼ぶ。縁があることで持ちやすく、こぼれにくいので、汁物料理をよそうときなどに重宝する。

瑠璃釉（るりゆう）

鮮やかな瑠璃色を呈する釉薬。透明釉に呉須と呼ばれる酸化コバルトを主成分とした絵具を混ぜて還元焼成することで美しい青になる。

連房式登窯（れんぼうしきのぼりがま）

ドーム状の天井を持った燃焼室が連結し、各燃焼室からの炎が通れるように「狭間穴」が設けられた窯。熱効率が良く、高火度の薪で大量に焼くことができる。

六古窯（ろっこよう）

中世から今日まで生産を続け、日本古来の技術を継承している窯である「瀬戸、常滑、越前、丹波、信楽、備前」を六古窯と呼ぶ。古陶磁研究家・小山冨士夫氏によって命名された。

ろくろ成形（せいけい）

高速回転するろくろに粘土を乗せ、遠心力を使ってうつわを成形する方法。

監修者 **竹内万貴**（たけうちまき）

岐阜県多治見市生まれ、恵那市出身。津田塾大学卒業後、新聞社勤務を経て、現代作家と骨董の器を扱う店「Jikonka」にて販売、企画、仕入れに携わる。その後、料理家のアシスタントを経験し、スタイリストとして独立。現在は雑誌や料理本を中心に器のセレクトやスタイリングを行っている。

協力 **愛知県陶磁美術館**

1978（昭和53）年、日本における最大級の窯業地である愛知県瀬戸市に開館。日本やアジアを始めとする世界各地の様々なやきものの魅力を展覧会や催事を通じて紹介し、コレクションは重要文化財3点を含む約8,300点（令和4年3月末）。国内屈指の陶磁専門ミュージアムである。2013（平成25）年に「愛知県陶磁美術館」に名称変更。かけがえのない歴史的文化財や芸術作品など、様々な魅力を湛えたやきものを中心とした美術館として、多くの人々に鑑賞、制作、学習等の機会を提供している。

参考文献

『ゼロから分かる！ やきもの入門』河野恵美子監修（世界文化社）
『やきものの教科書』陶工房編集部編（誠文堂新光社）
『季節やシーンを楽しむ 日々のうつわ使い プロが教えるセオリー＆アイデア』はるやまひろたか著（翔泳社）
『47都道府県・伝統工芸百科』関根由子／佐々木千雅子／指田京子著（丸善出版）
『「実のなる木」でつくるカトラリー』山下純子監修（スタジオ タック クリエイティブ）
『木工旋盤の教科書』和田賢治著（ワン・パブリッシング）
『世界の切子ガラス』谷一尚／工藤吉郎著（里文出版）

料理協力 瀬戸口しおり
編集協力 生形ひろみ・野秋真紀子（有限会社ヴュー企画）
執筆協力 合津玲子
デザイン 廣田萌（文京図案室）
イラスト 篠塚朋子
撮影 井出勇貴
校正 深澤晴彦
編集担当 遠藤やよい（ナツメ出版企画株式会社）

本書に関するお問い合わせは、書名・発行日・該当ページを明記の上、下記のいずれかの方法にてお送りください。電話でのお問い合わせはお受けしておりません。
・ナツメ社webサイトの問い合わせフォーム https://www.natsume.co.jp/contact
・FAX（03-3291-1305） ・郵送（下記、ナツメ出版企画株式会社宛て）
なお、回答までに日にちをいただく場合があります。正誤のお問い合わせ以外の書籍内容に関する解説・個別の相談は行っておりません。あらかじめご了承ください。

選び方・使い方のコツがわかる！
うつわの教科書

2024年2月7日 初版発行

監修者 竹内万貴（たけうちまき）
発行者 田村正隆

発行所 株式会社ナツメ社
東京都千代田区神田神保町1-52 ナツメ社ビル1F（〒101-0051）
電話 03（3291）1257（代表） FAX 03（3291）5761
振替 00130-1-58661

制 作 ナツメ出版企画株式会社
東京都千代田区神田神保町1-52 ナツメ社ビル3F（〒101-0051）
電話 03（3295）3921（代表）

印刷所 広研印刷株式会社

ISBN978-4-8163-7483-8

Takeuchi Maki,2024

Printed in Japan

〈定価はカバーに表示してあります〉〈落丁・乱丁本はお取り替えいたします〉

本書の一部または全部を著作権法で定められている範囲を超え、ナツメ出版企画株式会社に無断で複写、複製、転載、データファイル化することを禁じます。